Hans H. Hinterhuber

Führen mit strategischer Teilhabe

Wie sich die Lücken zwischen Strategie und Ergebnissen schließen lassen

ERICH SCHMIDT VERLAG

Bibliografische Information der Deutschen Nationalbibliothek
Die Deutsche Nationalbibliothek verzeichnet diese Publikation
in der Deutschen Nationalbibliografie;
detaillierte bibliografische Daten sind im Internet über
http://dnb.d-nb.de abrufbar.

Weitere Informationen zu diesem Titel finden Sie im Internet unter
ESV.info/978 3 503 14195 1

Gedrucktes Werk: ISBN 978 3 503 14195 1
eBook: ISBN 978 3 503 14196 8

Alle Rechte vorbehalten
© Erich Schmidt Verlag GmbH & Co. KG, Berlin 2013
www.ESV.info

Dieses Papier erfüllt die Frankfurter Forderungen
der Deutschen Nationalbibliothek und der Gesellschaft
für das Buch bezüglich der Alterungsbeständigkeit und
entspricht sowohl den strengen Bestimmungen der US Norm
Ansi/Niso Z 39.48-1992 als auch der ISO-Norm 9706.

Satz: Multitext, Berlin
Druck und Bindung: Hubert & Co., Göttingen

Vorwort

„Was zählt, sind die Ergebnisse und der Weg dorthin."

Dieses Buch ist für Unternehmer und Führungskräfte geschrieben. Es zeigt, wie Strategien in konkrete Ergebnisse umgesetzt werden. Unternehmer und Führungskräfte werden nicht an ihren Absichten, sondern an den Resultaten ihrer unternehmerischen Tätigkeit gemessen; dazu müssen sie sicher sein, dass das Unternehmen über die richtigen Führungskräfte verfügt, denn der Mensch ist wichtiger als die Strategie, zweitens dass die Strategien von den Führungskräften richtig interpretiert werden und in praktischen und kohärenten Aktionsplänen der Funktionsbereiche und regionalen Einheiten ihren Niederschlag finden. Sie müssen drittens aber auch sicher sein, dass die Aktionspläne wirksam umgesetzt werden und viertens die angestrebten Ziele erreichen. Zwischen Führung und Strategien, Strategien und Aktionsplänen, zwischen Aktionsplänen und Umsetzung und zwischen Umsetzung und angestrebten Ergebnissen bestehen Lücken, die geschlossen werden müssen, wenn das Unternehmen nachhaltig seine Kapitalkosten verdienen will.

Das Buch wendet sich aber auch an Studierende und will ihnen einen Einblick vermitteln, wie in den fortschrittlichen Unternehmen die Entscheidungsprozesse ablaufen und was von ihnen in der Welt der Unternehmen erwartet wird.

In einer schwer interpretierbaren und turbulenten Welt, in der keine sicheren Prognosen möglich sind, ist der Weg von der Strategie zu konkreten Ergebnissen nicht geradlinig. Das Top-down-Modell, nach dem das Führungsteam die Strategie formuliert, die mittleren Führungskräfte diese in Aktionsplänen und entsprechenden Organisationsformen präzisieren und die Mitarbeiter auf den unteren Verantwortungsebenen die Aktionspläne umsetzen, um die angestrebten Ergebnisse zu erzielen, ist durch die Geschwindigkeit des Wandels, die neuen Informationstechnologien und die Komplexität der Zusammenhänge überholt. „Command-and-control is not the best way to run a business", sagt Jack Welch. Empirische Untersuchungen und persönliche Erfahrungen zeigen, dass die erfolgreiche Umsetzung das Ergebnis kollektiver Anstrengungen auf allen Verantwortungsebenen ist; die Lern- und Anpassungsfähigkeit der Führungskräfte und Mitarbeiter, ihre Vorwegnahme und Interpretation wechselnder Kundenbedürfnisse und Umweltentwicklungen, ihr Engagement, die Dinge kreativ und initiativ nach Maßgabe der sich ändernden Verhältnisse zu verbessern, sind wesentliche Voraussetzungen für die erfolgreiche Umsetzung der Strategien und Aktionspläne.

Abbildung 1 zeigt ein Modell der strategischen Führung von Unternehmen und Non-Profit-Einrichtungen, das das Urteil der Fachwelt und den Test der

Vorwort

Zeit überstanden hat; es wird erfolgreich in den deutschsprachigen Ländern, aber auch in Italien, in der Türkei, in Spanien, in Japan und in Korea verwendet.[1]

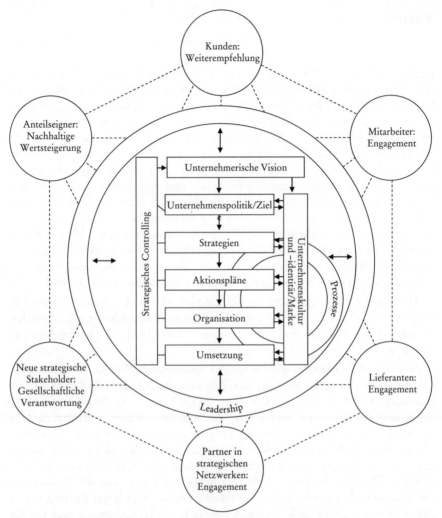

Abb. 1 Das Gesamtsystem der strategischen Führung von Unternehmen (Hinterhuber, 2011)

Das systemische Modell verbindet alle Komponenten der Führung, die dem direkten Einfluss der Unternehmensleitung unterliegen (der innere Teil der Abbildung) mit den Erwartungen und Ansprüchen der strategischen Sta-

---

[1] Dieses Modell liegt meinem Buch: Strategische Unternehmensführung, Band I, 8. Aufl., Berlin 2011, zugrunde.

keholder (der äußere Teil der Abbildung). Eine exzellente Führung sorgt für den entsprechenden Ausgleich und ist verantwortlich, dass das Unternehmen nachhaltig Werte für die strategischen Stakeholder schafft.

Von der unternehmerischen Vision bis zur Erzielung von konkreten Ergebnissen für die strategischen Stakeholder sind eine Reihe von Lücken zu schließen.

Die Abbildung 2 greift die Lücken heraus, die eine erfolgreiche Führung schließen muss, und für deren Überwindung in diesem Buch Lösungsansätze angeboten werden:

1. die *Leadershiplücke* zwischen Führung und Strategien, denn ohne die geeigneten Führungskräfte lässt sich keine Strategie formulieren und umsetzen,
2. die *Planungslücke* zwischen Strategien und Aktionsplänen, die untereinander und mit den Strategien kohärent sein müssen,
3. die *Umsetzungslücke* zwischen Aktionsplänen und Umsetzung, und
4. die *Ergebnislücke* zwischen Umsetzung und angestrebten Ergebnissen; eine gute Umsetzung allein erhöht nicht den nachhaltigen Wert des Unternehmens; dazu müssen den strategischen Stakeholdern – den Kunden, Mitarbeitern, Anteilseignern und Financial Community, der Gesellschaft, den Lieferanten, den Partnerunternehmen, oft auch den neuen Stakeholdern (Umweltorganisationen, Protestierern und dgl. mehr) konkrete Ergebnisse geliefert werden, die ihren Erwartungen entsprechen, oder besser, diese übertreffen.

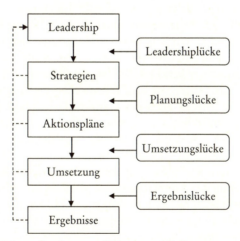

Abb. 2 Die vier Lücken, die eine gute Führung schließen muss

Das Anliegen des Buches ist, Methoden vorzuschlagen, wie diese Lücken geschlossen werden können. Die Gesamtheit dieser Methoden wird als Führen mit strategischer Teilhabe bezeichnet.

Die Ausführungen sind wie folgt organisiert. Im Mittelpunkt des ersten Abschnittes stehen einmal die nicht-delegierbaren Führungsaufgaben der Unternehmensleitung, zum anderen die neuen Herausforderungen, vor denen die Leiter von Teams stehen. Es wird gezeigt, dass Unternehmen eine Teamkultur brauchen und wie das Engagement der Mitarbeiter in Situationen der Ambiguität und Unsicherheit gesichert werden kann. Kurz behandelt wird auch der Umgang mit psychopathischen Führungskräften und Mitarbeitern, deren Anteil in den Unternehmen auf etwa 3 bis 5 Prozent geschätzt wird.

Der zweite Abschnitt ist der Schließung der Leadershiplücke gewidmet. Der Mensch ist wichtiger als die Strategie. Ohne unternehmerisch denkende und handelnde Führungskräfte werden herausfordernden Ziele und entsprechende Strategien zu unrealistischen Aspirationen. Die Methode, mit der die Lücke zwischen Leadership und Strategien geschlossen werden kann, ist eine rigorose Beurteilung, Auswahl und Entwicklung der Führungskräfte, das Instrument dazu ist die Leadership-Matrix. Zwei Kriterien spielen dabei die entscheidende Rolle:

1. das Leben und Vorleben der Führungswerte des Unternehmens und
2. das Erreichen der vereinbarten Ziele.

Die Strategie ist die gemeinsame Logik des Handelns der Führungskräfte; dazu ist eine fundierte Leadership-Ausbildung auf allen Verantwortungsebenen des Unternehmens notwendig; ihr wird breiter Raum gewidmet.

Der dritte Abschnitt zeigt, was Führen mit strategischer Teilhabe heißt und wie die Planungslücke geschlossen werden kann. Führen mit strategischer Teilhabe ist eine Methode, mit der die Führungskräfte auf den verschiedenen Verantwortungsebenen ihren Mitarbeitern einen Ausschnitt aus den eigenen strategischen Absichten und Gedankengängen geben, durch den diese zu Eigeninitiative und zur geistigen Mitarbeit bei der Formulierung und Umsetzung der Strategien aufgefordert werden. Das Ziel ist, die Führungskräfte in die Lage zu versetzen, dass sie das Ganze vor den Teilen sehen und zur erfolgreichen Gestaltung sowohl der Teile als auch des Ganzen initiativ und kreativ beitragen. Dieses Ziel lässt sich umso leichter erreichen, je mehr gezielt Informationen ausgetauscht werden und je weniger die Beiträge von der hierarchischen Position abhängen. Die neuen Medien erleichtern diesen Austausch. Die Entscheidungsträger in den Funktionsbereichen und regionalen Einheiten oder in den Strategischen Geschäftseinheiten können mit dem gleichen konzeptionellen Rahmen rechnen, auf den sich auch alle anderen beziehen. Führen mit strategischer Teilhabe ist die Methode, mit der die Lücke zwischen Strategie und Aktionsplänen geschlossen werden kann.

Im vierten Abschnitt wird auf die Umsetzungslücke eingegangen. Nicht alle Aktionspläne werden so umgesetzt, wie sie beabsichtigt waren. Die Methode, mit der die Umsetzung der Aktionspläne sichergestellt werden kann, ist der Work-Out-Prozess. Dieser Prozess, der von General Electric eingeführt wurde, verbindet erfolgreich Disziplin, Kreativität und Schnelligkeit in der Ausführung der Aktionspläne, er muss in die Kultur des Unternehmens eingebettet sein. Eine Selbstbeurteilungsübung erlaubt es, zu prüfen, in welchem Umfang ein Work-Out für die Schließung der Umsetzungslücke zweckmäßig ist. Work-Out verlangt eine strategische Architektur, die auf dem Denken in Prozessen und nicht auf dem Denken in Königreichen beruht. Ein Vorgehen der Organisationsentwicklung, mit der dieser Übergang bewerkstelligt werden kann, wird vorgestellt.

Nicht alles, was erfolgreich umgesetzt wird, entspricht den angestrebten Ergebnissen. Diese Lücke zwischen Umsetzung und Ergebnissen lässt sich durch die Einrichtung einer kundenfokussierten Hochleistungskultur schließen oder zumindest verkleinern. Wie das bewerkstelligt werden kann, zeigt der fünfte Abschnitt.

Im letzten Abschnitt werden Schlussfolgerungen gezogen. Der Mensch steht über der Strategie; ich gehe deshalb der Frage nach, was den Strategen ausmacht. Da es ohne Glück in der Wirtschaft wie im Leben nicht geht, schließt das Buch mit einem Vorschlag, wie das Glück angezogen werden kann. Ich habe in meinen Gesprächen mit CEOs und in meinen Führungsseminaren festgestellt, dass Glück innerhalb bestimmter Grenzen planbar ist.

Die *Kernbotschaft* des Buches lautet: Führen mit strategischer Teilhabe gibt den Führungskräften einen Ausschnitt aus den strategischen Absichten der Unternehmensleitung, zeigt, was das Unternehmen will und warum es das will, fordert die Führungskräfte zur kreativen Mitarbeit an der Weiterentwicklung der Strategie auf und erhöht dadurch in einer Zeit der Unsicherheit die Wahrscheinlichkeit, dass kohärente Aktionspläne formuliert und wirksam umgesetzt werden und zu den angestrebten Ergebnissen führen.

Es geht in diesem Buch nicht darum, Unternehmern und Führungskräften zu zeigen, was sie denken oder tun sollen. Das wissen sie, so ein US-Management-Vordenker, viel besser als jeder Professor oder Unternehmensberater, der das Wettbewerbsumfeld und das Unternehmen niemals so gut kennt wie sie selbst. Die Ausführungen wollen vielmehr Unternehmern und Führungskräften Anregungen geben, *wie* sie denken können, um die Lücken zwischen einer guten Führung und den angestrebten Ergebnissen besser zu erkennen und mit den skizzierten Methoden zu schließen.

Mit der Kernbotschaft ist ein *Appell* an Unternehmer und Führungskräfte gerichtet: die Selbsttätigkeit und Eigeninitiative der Führungskräfte und Mitarbeiter auf allen Verantwortungsebenen zu fördern und sie zu kreativem, unternehmerischem Mitdenken und Handeln im Rahmen klarer strategischer Absichten einzuladen. Dadurch lässt sich das, was im Interesse der Unternehmer liegt, mit dem verbinden, was auch die Arbeitsfreude und das Engagement der Führungskräfte und Mitarbeiter erhöht.

Ich hoffe, dass das Buch für Unternehmer und Führungskräfte eine angenehme Lektüre ist, nützliche Anregungen vermittelt und auch Studierenden, die morgen eine Führungsverantwortung übernehmen wollen, interessante Einblicke bietet.

Ein besonderer Dank gebührt den Mitarbeiterinnen und Mitarbeitern von Hinterhuber & Partners für die Begeisterung und Kreativität, mit der sie meine Ideen kommentiert und kritisch reflektiert haben. Ich danke auch den Unternehmern und Führungskräften, die frühere Fassungen des Buches genau gelesen und ihre Erfahrungen bei der Schließung der Lücken zwischen Strategie und Ergebnissen bereitwillig zur Verfügung gestellt haben.

Großer Dank gebührt wie in allen meinen Büchern wieder Frau Andrea Mayr. Ohne ihre Hilfe, ihr Einfühlungsvermögen und ihr Engagement wäre das Buch wohl nicht zustande gekommen. Frau Claudia Splittgerber, Erich Schmidt Verlag, verdanke ich viele Anregungen; ihre Einsichten und Empfehlungen haben das Buch wesentlich verbessert.

Innsbruck, im Januar 2013　　　　　　　　　　　　　　　Hans H. Hinterhuber

Inhaltsverzeichnis

Vorwort 5

1. **Eine exzellente Führung ist der wichtigste Einzelfaktor für unternehmerischen Erfolg** 13
1.1 Die beiden Ebenen der Führung 13
1.2 Die nicht-delegierbaren Führungsaufgaben der Unternehmensleitung 19
1.3 Unternehmen brauchen eine Teamkultur. Die neuen Rollen des Leiters eines Teams 27
1.4 Nutzenerwägungen und Engagement der Mitarbeiter in Situationen der Unsicherheit und Ambiguität 33
1.5 Wie geht man mit psychopathischen Führungskräften und Mitarbeitern um? 35
1.6 Zusammenfassung 38

2. **Die Schließung der Lücke zwischen Leadership und Strategie. Die Leadershiplücke** 41
2.1 Die Leadership-Matrix. Die beiden Kriterien für die Beurteilung, Auswahl und Entwicklung der Führungskräfte 43
2.2 Die Strategie ist die gemeinsame Logik des Handelns der Führungskräfte 47
2.3 Der Weg zu „leadership excellence": Die richtigen Führungskräfte in die richtigen Positionen bringen 48
2.4 Die Leadership-Ausbildung ist die Grundlage für die Führung mit strategischer Teilhabe 56
2.5 Das Ziel der Leadership-Ausbildung: Selbsttätigkeit, Selbstvertrauen und Eigeninitiative der Führungskräfte zu stärken 69
2.6 Zusammenfassung 72

3. **Die Schließung der Lücke zwischen Strategie und Aktionsplänen. Die Planungslücke** 77
3.1 Führen mit strategischer Teilhabe 78
3.2 Die Unternehmensleitung gibt den Führungskräften einen Ausschnitt aus ihren strategischen Absichten 83
3.3 Eigeninitiative und Selbständigkeit der Führungskräfte 88
3.4 Die ergebnisorientierte Steuerung der Entscheidungsprozesse ... 90
3.5 Der Umweg führt oft am schnellsten zum Ziel 94

3.6 Durch Strategisches Pricing den Unternehmenswert
    nachhaltig steigern. 98
3.7 Mit Innovation Excellence die Konkurrenten distanzieren. 108
3.8 Zusammenfassung. 122

**4. Die Schließung der Lücke zwischen Aktionsplänen
   und Umsetzung. Die Umsetzungslücke** 125
4.1 Work-Out zur wirksamen Umsetzung der Aktionspläne 126
4.2 Die Voraussetzung für ein wirksames Work-Out.
    Wann ist ein Work-Out-Prozess im Unternehmen angezeigt?.... 129
4.3 Die strategische Architektur: Vom Denken in Königreichen
    zum Denken in Prozessen. 134
4.4 Die Organisations- und Mitarbeiterentwicklung 135
4.5 Zusammenfassung. 138

**5. Die Schließung der Lücke zwischen Umsetzung
   und Ergebnissen. Die Ergebnislücke** 139
5.1 Eine kundenfokussierte Hochleistungskultur ermöglichen. 139
5.2 Das Kano-Modell der Kundenzufriedenheit: Die Kunden
    zu Botschaftern des Unternehmens machen 142
5.3 Das soziale Kapital des Unternehmens erhöhen. 145
5.4 Führungswerte treiben das Geschäft 147
5.5 Die Zufriedenheit der Mitarbeiter mit ihrem Arbeitsplatz
    und das Führungsverhalten ihrer Vorgesetzten bestimmen
    die Ergebnisse und lassen sich messen. 149
5.6 Das Geheimnis des Erfolges 151
5.7 Zusammenfassung. 153

6. Schlussfolgerungen und Ausblick. 155
6.1 Der Mensch steht über der Strategie 155
6.2 Was macht den Strategen aus?. 159
6.3 Glück lässt sich planen. 162

Literatur 165
Sachregister. 171

1. Eine exzellente Führung ist der wichtigste Einzelfaktor für unternehmerischen Erfolg

> *„Unter Direktiven versteht man solche Mitteilungen der oberen an die untere Stelle, in denen nicht bestimmte Befehle für deren augenblickliches Verhalten erteilt, als vielmehr nur leitende Gesichtspunkte aufgestellt werden. Letztere dienen dann als Richtschnur bei den übrigen selbständig zu fassenden Entschlüssen ... Das bedingt, dass die Unterführer den Zweck ... erkennen, um nach diesem selbst dann zu streben, wenn die Umstände es erfordern sollten, anders zu handeln, als befohlen war."*
>
> Helmuth von Moltke

Für den, der die Letztverantwortung im Unternehmen hat, zählen am Ende nur die Ergebnisse und der Weg dorthin. Die Ergebnisse finden ihren Niederschlag in der nachhaltigen Wertsteigerung des Unternehmens. Jede Strategische Geschäftseinheit, jede Produktlinie, jede Dienstleistung muss in einer mittel- bis langfristigen Perspektive zur Wertsteigerung beitragen. „Als Führende", so Jack Welch, „werden wir bezahlt, kurzfristig Ergebnisse zu erzielen und das Unternehmen langfristig stärker zu machen."

Führung spielt sich auf zwei Ebenen ab: auf der Makroebene die Führung des Unternehmens als Ganzes, auf der Mikroebene die Führung von Teams. Beide bestimmen zusammen den Erfolg des Unternehmens. In der Folge werden die nicht-delegierbaren Aufgaben der Unternehmensleitung behandelt und nach Abgrenzung von Team und Arbeitsgruppe die neuen Rollen des Leiters eines Teams erörtert. Erfolgreiche Unternehmen haben eine Teamkultur und sichern sich das Engagement der Mitarbeiter in Situationen der Ambiguität und Unsicherheit. Da in Organisationen der Anteil der Führungskräfte und Mitarbeiter mit psychopathischen Verhaltensweisen auf etwa 3 bis 5 Prozent geschätzt wird, zeigen die Ausführungen abschließend, wie mit psychopathischen Vorgesetzten und Mitarbeitern umgegangen werden kann.

1.1 Die beiden Ebenen der Führung

Führen spielt sich auf zwei Ebenen ab:[1]

1. auf der Makroebene: Führen von Unternehmen, Strategischen Geschäftseinheiten, Tochtergesellschaften, Institutionen, Non-Profit-Einrichtungen und dgl. mehr;

---

[1] Siehe A. Nahavandi, The Art and Science of Leadership, 5th ed., Upper Saddle River 2009, S. 226 ff.

2. auf der Mikroebene: Führen von Teams, Leitung von Projekten, Abteilungen, Instituten und dgl. mehr.

Die Führungsprobleme auf beiden Ebenen sind ähnlich; es geht darum, einmal Energien in sich selbst zu mobilisieren, zum anderen Herz und Vernunft der Mitarbeiter zu gewinnen, um die jeweiligen Ziele zu erreichen. Natur, Inhalt und Prozess der Führung unterscheiden sich nicht, wenn es darum geht, kraft der eigenen Authentizität, Urteilsfähigkeit und Kompetenz das Verhalten anderer Menschen im positiven Sinn so zu beeinflussen, dass sie die Notwendigkeit der Veränderung akzeptieren und sich engagiert und kreativ für Aufgaben und Ziele ihrer Organisation einsetzen. Die Unterschiede liegen in der Verantwortungsebene, in der Reichweite, Komplexität und im Zeithorizont der Entscheidungen.

Führen auf der ersten Ebene erfordert strategische Führungskompetenz[2]. Entscheidungen auf dieser Ebene betreffen die nachhaltige Entwicklung des Unternehmens, dessen strategische Ausrichtung, die Auswahl und Entwicklung von Führungskräften, die Allokation der personellen, finanziellen und materiellen Ressourcen an die Unternehmenseinheiten mit den besten Gewinn- und Wachstumsperspektiven, das Erzielen von überdurchschnittlichen Ergebnissen und dgl. mehr. Ein Führender auf dieser Ebene ist ein „leader of leaders" oder, in italienischer Diktion, „il capo di tutti i capi". Der nächste Abschnitt ist diesen Fragen gewidmet.

Führen auf der zweiten Ebene ist Führen von Teams. Teams werden von übergeordneten Entscheidungszentren mit dem Ziel eingerichtet, durch eine entsprechende Auswahl und Zusammensetzung der Teammitglieder innerhalb bestimmter Zeit- und Kostenlimits Probleme zu lösen, neue Möglichkeiten zu erschließen und möglichen Risiken vorzubeugen. Der dritte Abschnitt behandelt die Führung von Teams. Abbildung 1.1 fasst Führen auf beiden Ebenen zusammen.

Eine exzellente Führung auf Top Management-Ebene ist in Verbindung mit einer guten Strategie, den richtigen Mitarbeitern, taktischen Maßnahmen mit rasch spürbaren Wirkungen und Glück der wichtigste Faktor für den Erfolg eines Unternehmens (Abbildung 1.2).

Eine exzellente Führung allein ist allerdings noch kein Garant für nachhaltigen Erfolg. General Electric ist bekannt als Leadership Company[3] und wird häufig zitiert als das Unternehmen mit den besten Leadership-Ausbildungsprogrammen. General Electric bringt mehr Spitzenführungskräfte hervor als das Unternehmen für die eigene nachhaltige Entwicklung benötigt. Trotz gro-

---

[2] Dazu mehr in meinem Buch: Die 5 Gebote für exzellente Führung, Frankfurt am Main 2011, S. 59 ff.
[3] In meinem Buch Leadership, 4. Aufl., Frankfurt am Main 2007, S. 173 ff. habe ich die Kriterien definiert, die General Electric zu einer Leadership Company machen.

Die beiden Ebenen der Führung

	Führen auf Mikroebene	**Führen auf Makroebene**
Wer führt?	Eine Person, die ein Team, ein Projekt oder eine Abteilung leitet	Eine Person oder ein Team, die ein Unternehmen führen (CEO, COO, Top Management Team [TMT], Sprecher des Vorstandes, geschäfts-führender Gesellschafter, Leiter einer Strategischen Geschäftseinheit, einer Tochtergesellschaft, und dgl. mehr)
Verantwortungsbereich	Ein Team, eine Arbeitsgruppe, eine Abteilung, ein Projekt	Die gesamte Organisation
Ausrichtung	Überwiegend nach innen	Überwiegend nach außen
Erfolgsmaßstäbe	Produktivität, Kundenzufriedenheit, Innovationsrate und -geschwindigkeit und dgl. mehr	Nachhaltige Wertsteigerung, Zufriedenstellung der strategischen Stakeholder, profitables Wachstum

Abb. 1.1 Führen auf der Ebene von Teams und auf Unternehmensebene (in Anlehnung an Nahavandi, 2009)

ßer Investitionen in Leadership Development hat sich der Aktienkurs in den vergangenen zehn Jahren halbiert.[4]

Eine exzellente Führung ist wohl der wichtigste Einzelfaktor für unternehmerischen Erfolg, aber nur einer der fünf Faktoren, die den Unterschied zwischen erfolgreichen und weniger erfolgreichen Unternehmen ausmachen. Die anderen Faktoren sind – wie erwähnt – Klarheit der strategischen Ausrichtung, die richtigen Mitarbeiter in richtig zusammengesetzten Teams, taktische

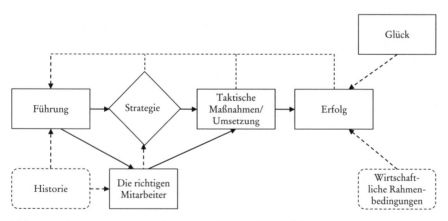

Abb. 1.2 Die Determinanten des unternehmerischen Erfolges (Quelle: Hinterhuber & Partners, 2010)

---

[4] Zur Kritik an der „Leadership Industry" siehe B. Kellerman, The End of Leadership, New York 2012, S. 168 ff.

Maßnahmen mit rasch spürbaren Wirkungen, Glück und natürlich auch der Kontext, in dem das Unternehmen operiert. Die ersten fünf Faktoren sind allerdings für den unternehmerischen Erfolg wichtiger als die wirtschaftlichen Rahmenbedingungen.

Zusammen erklären diese fünf Faktoren etwa 80 Prozent des Erfolges eines Unternehmens und sind damit wichtiger als die wirtschaftlichen Rahmenbedingungen, die mit etwa 20 Prozent den Unterschied zwischen erfolgreichen und erfolglosen Unternehmen bedingen. Eine exzellente Führung auf Top Management-Ebene unterscheidet sich nur unwesentlich von der Führung auf den unteren Verantwortungsebenen oder von der Führung von Teams. Auf Makroebene zeigt sich eine exzellente Führung in der Klarheit der strategischen Ausrichtung, in der Anregung von Teams und Entwicklung von Mitarbeitern, im Schaffen von innovationsfördernden Rahmenbedingungen, in der Vorwegnahme des Wandels sowie im Erzielen von überdurchschnittlichen Ergebnissen. Was Führen auf den obersten Verantwortungsebenen eines Unternehmens von der Führung auf der Ebene von Teams und Mitarbeitern unterscheidet, sind die Reichweite, die Auswirkungen und der Zeithorizont der Entscheidungen. Strategische Entscheidungen auf Makroebene betreffen die Organisation als Ganzes, die Anzahl und Ausrichtung der Strategischen Geschäftseinheiten, die Auswahl der obersten Führungskräfte und dgl. mehr. Es sind vor allem die Langzeitwirkungen und die Irreversibilität der strategischen Entscheidungen, die Führen auf Makroebene von Führen auf Mikroebene unterscheiden. Untersuchungen zeigen, dass die Verweildauer der CEO's der 2500 größten Unternehmen der Welt im Jahr 2011 rund 6,5 Jahre betrug; 10 Jahre früher waren die CEO's im Durchschnitt 8 Jahre im Amt. Die Frage ist, ob es überhaupt eine optimale Wirkungsperiode für oberste Führungskräfte gibt und, wenn ja, wie lange diese ist. Die empirische Evidenz und persönliche Erfahrungen zeigen, dass fünf Jahre in der Regel zu kurz sind, bis strategische Entscheidungen ihre Wirkungen zeigen; zehn Jahre scheinen dagegen zu lang zu sein, um ein Unternehmen laufend zu erneuern. Diese Werte sind allgemeine Richtwerte; in Unternehmen mit großen Infrastrukturprojekten, in der Flugzeug- und pharmazeutischen Industrie mit Entwicklungszyklen von oft über 10 Jahren, lassen sich die Auswirkungen von strategischen Entscheidungen nur mit großer Unsicherheit und in einem langen Zeithorizont messen.

Sieben bis acht Jahre scheint ein angemessener Zeitraum zu sein, der es einem CEO erlaubt, seinen Einfluss auf die Unternehmensentwicklung zu zeigen. Trennt sich ein Unternehmen von seinem CEO vor diesem Zeithorizont von sieben bis acht Jahren, ist das Risiko hoch, dass seine strategischen Entscheidungen nicht die gewünschte Wirkung bringen. Die folgenden Überlegungen können hilfreich sein, um die optimale Wirkungsperiode eines CEO zu bestimmen.[5]

---

[5] Siehe A. Hill, All I am saying is give CEOs a chance, in: Financial Times, May 24, 2011, S. 12.

Die beiden Ebenen der Führung

> *Leadership zählt*
>
> Untersuchungen zeigen, dass in Extremsituationen, bei Schiffsunglücken z.B., wirksames Führungsverhalten des Kapitäns die Überlebenswahrscheinlichkeit von Frauen und Kindern erhöht. Die beiden schwedischen Forscher Elinder und Erixson haben 18 Schiffunglücke seit Mitte des 19. Jahrhunderts bis 2011 analysiert; ihre Analyse zeigt, dass eine starke Führungspersönlichkeit an Bord die Überlebenschancen der Schwächeren beeinflusst. Gab der Kapitän den Befehl „Women and Children First!" (WCF) – was bei fünf der achtzehn Schiffunglücke der Fall war – stieg die Überlebenschance der Frauen und Kinder um sieben Prozent.
>
> Frey, Savage und Torgler kommen zu einem noch deutlicheren Ergebnis bei der Analyse der Vorgänge um den Untergang der Titanic; der WCF-Befehl des Kapitäns und seine rigorose Wahrnehmung der Führungsfunktion haben bewirkt, dass Frauen und Kinder eine um 53 Prozent höhere Überlebenschance als Männer hatten.
>
> Quelle: M. Elinder u. O. Erixson, Every Man for Himself! Gender, Norms and Survival in Maritime Disasters, IFN Working Paper no. 913, April 2012; B. S. Frey, D. A. Savage u. B. Torgler, Behavior under Extreme Conditions: The Titanic Disaster, in: Journal of Economic Perspective 25, No. 1, 2011, S. 209–222.

Die Situation des Unternehmens und die Ziele, die es verfolgt, können im Fall von Umstrukturierungen und Turnarounds eine kurze Wirkungsperiode rechtfertigen; sind die Probleme gelöst, kann es zweckmäßig sein, ein Führungsteam mit einer längerfristigen Perspektive einzusetzen. Auch in schwierigen Situationen dürften allerdings konkrete Ergebnisse kaum vor zwei oder drei Jahren zu erwarten sein.

Was zweitens zählt ist nicht das Alter oder die Wirkungsperiode des CEO, sondern dessen Einstellung. Beispiele wie Warren Buffet, der mit Berkshire Hathaway seit über 10 Jahren im Alter von 81 Jahren den S&P 500 Index übertrifft, zeigen, dass in vielen Fällen die Erfahrung und was man daraus gelernt hat, eine wichtige Rolle spielen. Es kommt auf die Einstellung und auf die Fähigkeit und Bereitschaft an, ständig Neues zu lernen und den Wandel vorwegzunehmen. Diese Einstellung kann bei jüngeren Führungskräften fehlen.

Drittens zeigen Untersuchungen, dass sich Unternehmen umso erfolgreicher erneuern, je größer der Pool an Führungskräften im Unternehmen ist, aus dem der CEO ausgewählt werden kann. Insider verweilen in der Regel länger in der Führungsposition und tragen mehr zur nachhaltigen Wertsteigerung des Unternehmens bei als von außen kommende Führungskräfte.

Albach unterscheidet Typ A- und Typ B-Vorstände.[6] Der Typ A-Vorstand:
- kommt aus dem Unternehmen,
- hat ein effizientes Einstellungsverfahren durchgemacht,

---

[6] Siehe H. Albach, Allgemeine Betriebswirtschaftslehre, 3. Aufl., Wiesbaden 2001, S. 312–314.

- ist in Trainee-Programmen und Assessment Centers des Unternehmens auf seine Loyalität geprüft worden,
- hat eine erfolgreiche Karriere im Unternehmen hinter sich,
- ist aus einem kleinen Kreis von „high potentials" ausgewählt und von seinen bisherigen Vorgesetzten hervorragend beurteilt worden,
- kennt und liebt das Unternehmen,
- hat das Vertrauen der Aktionäre und kann langfristig denken und handeln,
- verhält sich nicht opportunistisch,
- erhält ein Gehalt mit einem fixen und variablen Bestandteil.

Der Typ B-Vorstand:
- ist dem Unternehmen nicht aus langjähriger Erfahrung bekannt,
- lässt aus seiner Wechselbereitschaft in der Vergangenheit erkennen, dass er seinen eigenen Nutzen maximiert,
- will sein (monetäres) Einkommen maximieren,
- verfolgt deshalb eine Zielvorstellung, die sich nicht an der nachhaltigen Wertsteigerung des Unternehmens orientiert,
- kann vom Aufsichtsrat nicht in seinem Verhalten beobachtet werden,
- erhält, um sein opportunistisches Verhalten einzuschränken, ein fixes Gehalt und den Bezug von Aktienoptionen

Albach schreibt: „Bisher ist in Deutschland die Anzahl der Vorstandsmitglieder, die dem Typ B zugerechnet werden müssen, auf wenige, zumeist auch spektakuläre Einzelfälle beschränkt. Empirische Nachweise von Typ B-Managern in der Literatur beziehen sich fast ausnahmslos auf amerikanische Verhältnisse. Dort ist der Markt für Top-Manager auch sehr viel stärker entwickelt als in Europa. Wenn es zu einem verstärkten internationalen Wettbewerb zwischen Unternehmen mit Typ A-Managern und solchen mit Typ B-Managern kommt, ist abzusehen, dass die Typ B-Vorstände sich gegenüber den Typ A-Vorständen durchsetzen werden."[7]

> *In welchem Ausmaß motivieren finanzielle Anreize?*
> Jeroen van der Veer, der frühere CEO der Shell Oil Company, wird von den Aktionären kritisiert, da sein Bonus von 1,36 Millionen Euro angesichts der nicht erreichten Ziele als unangemessen angesehen wird. Seine Antwort: „Hätte ich 50 Prozent mehr erhalten, hätte ich es auch nicht besser gemacht. Hätte ich 50 Prozent weniger erhalten, hätte ich es auch nicht schlechter gemacht."
> Quelle: C. Hoyos u. M. Steen, Outgoing Shell Chief Calls for Reform of Salaries, in: Financial Times, June 9, 2009, S. 1.

---

[7] H. Albach, Allgemeine Betriebswirtschaftslehre, a.a.O., S. 314.

1.2 Die nicht-delegierbaren Führungsaufgaben der Unternehmensleitung

Führende müssen drei Anforderungen erfüllen: Visionär und Vorbild sein sowie den Unternehmenswert nachhaltig steigern. Voraussetzungen dafür sind Authentizität, kritisches Urteilsvermögen, Kompetenz, Charakter und ethisches Verhalten. Wer auch nur eine dieser Anforderungen nicht erfüllt, wird seiner Führungsaufgabe und -verantwortung nicht gerecht.[8]

Die nicht-delegierbaren Führungsaufgaben der Unternehmensleitung sind in Abbildung 1.3 in Form einer Metapher veranschaulicht. Sie entsprechen den Kompetenzen, die vom Top-Management erwartet werden, wenn es das Unternehmen wertsteigernd in die Zukunft führen soll. Alle Metaphern sind irreführend, sie beschreiben nicht das Phänomen an sich, sondern sollen einen Eindruck über das vermitteln, was sich anders schwer darstellen lässt. Die Metapher des Leadership-Hauses soll eine Ganzheit zum Ausdruck bringen, die drei „Säulen" von Leadership miteinander und mit ethischer Reflexion, Authentizität, Urteilsvermögen, Kompetenz und Charakter der Führenden in Verbindung setzen und zeigen, dass Leadership eine solide Grundlage braucht. Die Kunden und die anderen strategischen Stakeholder sind das Fundament, auf dem Führung beruht.

Authentizität, Urteilsfähigkeit, Kompetenz und Charakter		
Ethische Reflexion		
Visionär sein: "Die Richtung angeben und Sinn vermitteln."	Vorbild sein: "Engagement und Mut zeigen, Energien freisetzen sowie Talente und Innovationen fördern."	Den Unternehmenswert nachhaltig steigern: "Wohlstand für alle strategischen Stakeholder schaffen."

• Vision, Kernauftrag
• Vorwegnahme der Veränderung/herausfordernde Ziele
• Klarheit der strategischen Ausrichtung auf:
  – SGE-Ebene
  – Unternehmensebene
  – Netzwerkebene
• Führen von Teams
	• Leben und Vorleben der Führungswerte
	• Schaffen von innovationsfördernden Rahmenbedingungen
	• Klarheit der Kommunikation
	• Auswahl und Entwicklung der Mitarbeiter
		• Strategische Architektur/Prozesse
		• Umsetzungssystem/IT-Unterstützung
		• Erfolgscontrolling
		• Corporate Identity/Markenführung

Strategische Stakeholder		

Abb. 1.3 Die nicht-delegierbaren Aufgaben der Unternehmensleitung: das Leadership-Haus

Die erste Säule zeigt, dass Führende pragmatische Visionäre sein müssen. Ihre Aufgabe ist, eine Richtung vorzugeben, in die sich das Unternehmen in einer mittel- bis langfristigen Perspektive entwickeln soll und den Führungs-

---

[8] Siehe dazu mein gemeinsam mit dem Schweizer Leadershipberater E. Krauthammer verfasstes Buch: Leadership – mehr als Management, 4. Aufl., Wiesbaden 2005, S. 30 ff.; siehe auch mein Buch: Leadership, a. a. O., S. 18 ff.

kräften klar zu machen, warum es sich lohnt, sich dafür zu engagieren. Ich bezeichne diese Art der Führung als Führen mit strategischer Teilhabe. Die zentralen Fragen, für die die Unternehmensleitung klare Antworten bereit haben und in die sie die Führungskräfte einbinden muss, lauten:[9]

- Vision: Welche Bedürfnisse der Gesellschaft will das Unternehmen erfüllen? Für was steht das Unternehmen? Welchen Mehrwert für die Gesellschaft will das Unternehmen schaffen?
- Kernauftrag: Welchen Mehrwert will das Unternehmen mit seinen Strategischen Geschäftseinheiten den Kunden bieten? Welches sind die kritischen Erfolgsfaktoren der Kunden und von deren Kunden, die die Strategischen Geschäftseinheiten erfüllen wollen? Welchen Beitrag sollen die Strategischen Geschäftseinheiten zur Erhöhung der Lebensqualität der Kunden leisten? Wie können die Kunden und deren Kunden noch wettbewerbsfähiger gemacht werden?
- Wo soll das Unternehmen in drei bis fünf Jahren stehen, und aus welchen Gründen?

Meine Forschungsprojekte und empirischen Studien belegen, dass Klarheit der strategischen Ausrichtungen, Authentizität und Vorbildfunktion der Führungskräfte bewirken, dass sich die Mitarbeiter pro-aktiv und engagiert um die Erfüllung der Bedürfnisse der Kunden und von deren Kunden kümmern.

Die Vorwegnahme der Veränderung und die Formulierung herausfordernder Ziele für das Unternehmen und die einzelnen Strategischen Geschäftseinheiten sind die zweite nicht-delegierbare Führungsaufgabe. Gewinn und Wertsteigerung sind nicht die Ziele des Unternehmens, sie sind das Ergebnis erfolgreicher unternehmerischer Tätigkeit; diese besteht darin, den Kunden einen Mehrwert zu vertretbaren Kosten zu bieten, das Engagement und die Motivation der Mitarbeiter und Teams auf allen Verantwortungsebenen zu fördern und eine Infrastruktur aufzubauen, die es ihnen erlaubt, die Erwartungen der Kunden und der anderen strategischen Stakeholder zu erfüllen. Wenn es gelingt, die Kunden zu begeistern, die Mitarbeiter zu Höchstleistungen in einem Arbeitsumfeld, das sie lieben, anzuspornen und eine effiziente Infrastruktur zu schaffen, dann ist die nachhaltige Wertsteigerung das Ergebnis dieser nie endenden Bestrebungen.

What makes a company tick
„The three most important things you need to measure in a business are customer satisfaction, employee satisfaction, and cash-flow. If you're growing customer satisfaction, your global market share is sure to grow, too. Employee satisfaction gets your productivity, quality, pride, and creativity. And cash-flow is the pulse – the key vital sign of a company."
Jack Welch

---

[9] Mehr dazu in meinem Buch: Strategische Unternehmensführung, Band I, a. a. O., S. 60 ff.

Die dritte nicht-delegierbare Führungsaufgabe ist die Klarheit der strategischen Ausrichtung des Unternehmens, und zwar auf den drei Ebenen der Strategie: auf Unternehmensebene, auf Ebene der Strategischen Geschäftseinheiten und auf Netzwerkebene. Die Strategie ist kein Aktionsplan, sondern in der Diktion Helmuth von Moltkes die „Fortbildung des ursprünglich leitenden Gedankens entsprechend den stets sich ändernden Verhältnissen". Der leitende Gedanke ist, Nr. 1, Nr. 2 oder Nr. 3 in jedem Marksegment zu sein, in dem eine Strategische Geschäftseinheit tätig ist. Im Familienunternehmen ist der leitende Gedanke, ein wettbewerbsfähiges Unternehmen der nächsten Generation zu übergeben und dabei die Kapitalkosten nachhaltig zu verdienen. Was eine Strategie kennzeichnet, ist, dass sie auf die Veränderung eines status quo im Interesse des Unternehmens ausgerichtet ist, und zwar in einer Situation, in der unserem Willen der unabhängige Wille der Konkurrenten gegenüber steht. Führungsverantwortung besteht darin, die richtige Balance zwischen Offensiv-/Wachstumsstrategien und Defensivstrategien einzurichten (Abbildung 1.4). Dieses Gleichgewicht lässt sich durch ein an der nachhaltigen Wertsteigerung des Unternehmens ausgerichtetes Portfolio-Management und eine entsprechende Allokation der Ressourcen herbeiführen.

Ein Beispiel: Als James Dyson, der britische Erfinder und Unternehmer, den Prototyp seines Staubsaugers ohne Beutel den etablierten Herstellern von Staubsaugern vorstellte, zeigte keiner Interesse. Alle waren mit den Gewinnen zufrieden, die sie mit dem Verkauf der Beutel für ihre Staubsauger erzielten. Heute ist Dyson Marktführer. Die Staubsauger und die entsprechenden Technologien werden laufend weiterentwickelt. Dyson hat aber gleichzeitig auch diversifiziert und baut Motoren, Haartrockner, Ventilatoren und dgl. mehr. Das Beispiel zeigt, dass Unternehmen gleichzeitig offensiv neue Produkte und Technologien erfinden und defensiv bestehende Produkte und Technologien verbessern müssen. Kein Unternehmen kann sich auf den Erfolgen bestehender Produkte und Technologien ausruhen.

Die vierte nicht-delegierbare Aufgabe besteht darin, Teams zu führen, mit denen die oben genannten Führungsaufgaben erfüllt werden können. Bestandteil dieser vier nicht-delegierbaren Führungsaufgaben ist die Diskussion von Strategic Issues, die häufig wichtiger ist als unflexible Portfolio-Analysen, vor allem dann, wenn sich das Unternehmen auf Märkten bewegt, in denen sich die Spielregeln oder Technologien auf unvorhersehbare Weise ändern und in die laufend neue Wettbewerber eindringen. Es ist Aufgabe der obersten Führungskräfte, pro-aktiv mit Hilfe von Szenarioplanungen eine Liste von Strategic Issues zu erstellen oder erstellen zu lassen, damit die damit verbundenen Chancen und Risiken rechtzeitig einer Entscheidung zugeführt werden können. Ein fundiertes Risk Assessment kann beitragen, erfolgreich mit schlecht kalkulierten Risiken umzugehen.

Die zweite Säule des Leadership-Hauses umfasst ebenfalls vier, d. h. die fünfte bis achte nicht-delegierbare Führungsaufgabe.

Eine exzellente Führung ist der wichtigste Einzelfaktor für unternehmerischen Erfolg

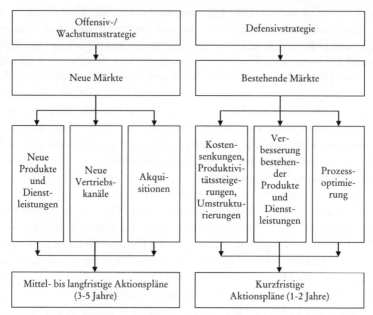

Abb. 1.4 Die Balance zwischen Offensiv-/Wachstums- und Defensivstrategien

Die fünfte nicht-delegierbare Führungsaufgabe besteht darin, die Führungswerte zu definieren, die von allen Führungskräften und Mitarbeitern gelebt und vorgelebt werden müssen. Das Nicht-Leben der Führungswerte ist, wie Jack Welch betont, Grund für Trennung. Die Unternehmenskultur als Summe aller gelebten und anerkannten Führungswerte und ungeschriebenen Spielregeln ist einer der wichtigsten, auf Dauer haltbaren Wettbewerbsvorteile. Gemeinsame Werte, die von oben nach unten gelebt und vorgelebt werden, schaffen Vertrauen. Vertrauen hält Teams auf jeder Verantwortungsebene und in jeder Strategischen Geschäftseinheit zusammen. „Man braucht eine gemeinsame Kultur, so dass die Leute die richtigen Entscheidungen treffen", so Peter Brabeck-Letmathe, Präsident von Nestlé.

Über Strategie
„Die Strategie ist ein System der Aushilfen. Sie ist mehr als Wissenschaft, ist die Übertragung des Wissens auf das praktische Leben, die Fortbildung des ursprünglich leitenden Gedankens entsprechend den stets sich ändernden Verhältnissen, ist die Kunst des Handelns unter dem Druck der schwierigsten Bedingungen."
Helmuth von Moltke

Das Schaffen von innovationsfördernden Rahmenbedingungen ist die sechste Aufgabe, die Führende nicht delegieren oder in deren Ausrichtung sie eingebunden sein sollen. Für die kontinuierliche Erneuerung des Unternehmens, die an der Innovationsrate und -geschwindigkeit abgelesen werden kann, heißt es, ein Umfeld zu schaffen, in dem Führungskräfte und Mitarbeiter sich selbst motivieren und ihr Bestes im Interesse des Unternehmens geben können.

Die siebte Aufgabe, die Führungskräfte, vor allem in Krisensituationen, selbst wahrnehmen müssen, ist eine wirksame Kommunikation sowohl nach innen als auch nach außen. Eine gute Kommunikation erfüllt drei Anforderungen: sie ist zukunftsorientiert und vermittelt Sicherheit, auch wenn sich die Führenden des Risikos bewusst sind, sie ist glaubwürdig und strahlt Mut zu unternehmerischem Denken und Handeln aus. Eine glaubwürdige Kommunikation ist eine Voraussetzung für erfolgreiche Verhandlungen in schwierigen Situationen und für die Lösung von Konflikten.

Die achte und vielleicht wichtigste nicht-delegierbare Aufgabe ist die Auswahl und Entwicklung der Führungskräfte und Mitarbeiter. Für die Auswahl und Entwicklung der Führungskräfte und Mitarbeiter spielen drei Kriterien eine entscheidende Rolle: ihre in der Vergangenheit erbrachten Leistungen – das Erreichen der vereinbarten Ziele –, die Art, wie diese Ziele erreicht wurden und außergewöhnliche Kompetenzen.

Der dritte nicht-delegierbare Bereich – die nachhaltige Steigerung des Unternehmenswertes – enthält wieder vier Komponenten.

Die neunte nicht-delegierbare Führungsaufgabe besteht darin, Struktur und Prozesse auf die Strategien auszurichten. Struktur und Prozesse sind selbst wichtige Elemente der Strategie, beide müssen strategisch eingesetzt werden.

Die zehnte nicht-delegierbare Führungsaufgabe besteht darin, sicher zu stellen, dass in allen Strategischen Geschäftseinheiten ein wirksames Umsetzungssystem eingerichtet ist. In der Strategie gibt es bekanntlich keinen Sieg. Erfolge werden durch taktische Maßnahmen mit rasch spürbaren Wirkungen und durch engagierte, motivierte Mitarbeiter erzielt. Soll der Wert des Unternehmens als Ganzem größer sein als die Summe der Werte der Strategischen Geschäftseinheiten und Tochtergesellschaften, ist es Aufgabe der Unternehmensleitung, den Holding-Abschlag zu vermeiden und ein System von „Shared Services" und strategischen Initiativen einzurichten, die die Führungsaufgaben in den Unternehmensteilen wirksam umzusetzen erlauben. Zu einem wirksamen Umsetzungssystem zählt auch eine entsprechende IT-Unterstützung.

Jack Welch zum Beispiel hat rechtzeitig die Möglichkeiten erkannt, die das Internet und soziale Plattformen bieten. Um den Wissensstand der mittleren und oberen Führungskräfte in diesem Bereich anzuheben, stellt er den obersten 600 Führungskräften einen „Internet Mentor" zur Seite, der diese in die neuen Möglichkeiten und Erfahrungen im Internet und e-business einführt. Jack Welch gibt selbst zu, dass er Angst vor dem Internet hatte, da er mit der Schreibmaschine nicht umgehen konnte.

Die elfte nicht-delegierbare Führungsaufgabe ist das Erfolgscontrolling. Es geht darum, ein auf die Erwartungen und Bedürfnisse der obersten Führungskräfte ausgerichtetes Controllingsystem einrichten zu lassen, mit dem wenige und wichtige Kennzahlen in Bezug auf Wertsteigerung, Kundenzufriedenheit, Mitarbeiterengagement und Verhalten der anderen strategischen Stakeholder ermittelt und für Entscheidungen genutzt werden können.

Die Gestaltung der Corporate Identity, d.h. des Bildes, mit dem das Unternehmen als Ganzes von der Außenwelt gesehen und bewertet werden will, und die Führung der Marke als Wettbewerbsvorteil bilden die letzte nicht-delegierbare Führungsaufgabe der Unternehmensleitung. Das Ziel dabei ist, mit Hilfe von Corporate Design, Corporate Communication und Corporate Behavior sowie mit einer innovativen Markenführung ein sowohl nach innen als auch nach außen attraktives Unternehmen zu sein.

Die Basis eines jeden erfolgreichen Unternehmens sind die Kunden. Ein Unternehmen ohne Kunden geht zugrunde. Je besser es einem Unternehmen oder den Strategischen Geschäftseinheiten gelingt, die Kunden zu Botschaftern zu machen, die ihre Produkte und Dienstleistungen weiter empfehlen, desto mehr Werte kann es auch für die anderen strategischen Stakeholder – die Mitarbeiter, die Anteilseigner und Financial Community, die Gesellschaft, die Lieferanten, die Partner in strategischen Netzwerken, die „neuen Stakeholder" (Umweltaktivisten, Protestierer, Special Interest Groups, Medien und dgl. mehr) – schaffen. Das Leadership-Haus zeigt darüber hinaus, dass ohne ethische Reflexion das Führungsverständnis zu kurz greift. Alle drei Säulen müssen deshalb einer diskursiven ethischen Reflexion unterzogen werden.

> *In der Strategie gibt es kein Schema*
> „Der Krieg – wie jede Kunst – erlernt sich nicht auf rationalistischem, sondern nur auf empirischem Weg. Im Krieg wie in der Kunst gibt es keine allgemeine Norm, in beiden kann das Talent nicht durch eine Regel ersetzt werden. Für die Strategie können daher allgemeine Lehrsätze, aus ihnen abgeleitete Regeln und auf diese aufgebaute Systeme unmöglich einen praktischen Wert haben."
> *Helmuth von Moltke*

Führende müssen schließlich authentisch sein, d.h. Worte und Taten müssen übereinstimmen. Authentisch ist, wer sich selbst treu ist. Wir spielen im Leben viele Rollen: in der Familie, als Vorgesetzter, als Mitarbeiter, in der Öffentlichkeit. Wir sind dann authentisch, wenn wir uns in jeder dieser Rollen entsprechend den jeweiligen Situationen und nicht wie Chamäleons verhalten, sondern mit Mitgefühl, Herz und Vernunft auf den anderen zugehen. Wir brauchen neben Kompetenz kritische Urteilsfähigkeit und Charakter. Leadership ist im Grunde nichts anderes als Charakter plus Wissen plus Urteilsfähigkeit plus Tun, um nachhaltige Ergebnisse zu erzielen. Wer deshalb auch nur eine der im Leadership-Haus dargestellten Anforderungen nicht erfüllt, dem sollte keine Führungsverantwortung übertragen werden.

> *Die Männer der Negative*
> „Es gibt Feldherrn, die keines Rates bedürfen, die in sich selbst erwägen und beschließen; ihre Umgebung hat nur auszuführen. Aber das sind Sterne erster Größe, die kaum jedes Jahrhundert aufzuweisen hat ... In den allermeisten Fällen wird der Führer eines Heeres des Beirats nicht entbehren wollen ... Ihn wähle der Feldherr nicht nach der Rangliste, sondern nach seinem vollen persönlichen Vertrauen ... Es gibt in jedem Hauptquartier eine Anzahl von Leuten, die mit großem Scharfsinn alle Schwierigkeiten bei jeder vorgeschlagenen Unternehmung hervorzuheben wissen. Bei der ersten eintretenden Verwicklung weisen sie überzeugend nach, dass sie alles vorhergesagt haben. Sie sind immer im Recht, denn da sie selbst nicht leicht etwas Positives vorschlagen, viel weniger noch ausführen, so kann der Erfolg sie nie widerlegen. Diese Männer der Negative sind das Verderben der Heerführer."
> *Helmuth von Moltke*

Herausforderungen suchen, Befugnisse abgeben

Nahavandi[10] leitet aus Metastudien und aus der Analyse empirischer Studien ab, dass zwei Dimensionen Führen auf Makroebene kennzeichnen:

1. das Ausmaß, in dem Führende Herausforderungen suchen, d.h. ihre Offenheit für neue Möglichkeiten, ihre Bereitschaft, Risiken einzugehen, ihre Fähigkeit, Mitarbeiter für neue Wege zu begeistern und dgl. mehr;
2. das Ausmaß, in dem Führende bereit sind, Macht abzugeben, zu delegieren und Führungskräfte in ihre Entscheidungen einzubinden. Diese zweite Dimension spiegelt sich in der Entscheidung für Dezentralisation oder Zentralisation wider.

Mit Hilfe dieser beiden Dimensionen lassen sich vier unterschiedliche Typen von Führenden auf Top-Management-Ebene unterscheiden (Abbildung 1.5).

Typ 1: Der dynamische Unternehmer sucht Herausforderungen, gibt seinen Führungskräften einen Einblick in seine strategischen Absichten und Gedankengänge, lädt sie zur geistigen Mitarbeit und Mitverantwortung ein und schafft gleichzeitig eine dezentralisierte Organisationsstruktur. Er ist bereit, hohe, kalkulierte Risiken einzugehen, für die er persönlich die Verantwortung übernimmt. Die Führungskultur ist offen und ermutigt Führungskräfte und Mitarbeiter, neue Wege zu gehen.

Typ 2: Der patriarchalische Unternehmer sucht ebenfalls Herausforderungen, übt aber eine rigorose Kontrolle der Organisation aus. Zentrali-

---
[10] Siehe A. Nahavandi, The Art and Science of Leadership, a.a.O., S. 235 ff.

Eine exzellente Führung ist der wichtigste Einzelfaktor für unternehmerischen Erfolg

sation der Entscheidungen kennzeichnet Unternehmen und Strategische Geschäftseinheiten, die von einem patriarchalischen Unternehmer geführt werden.

Typ 3: Der Projekt-/Prozessmanager delegiert Aufgaben, Kompetenzen und Verantwortung, bewegt sich jedoch im Rahmen bewährter Technologien und Vorgehensweisen. Sein Ziel ist, unnötige Risiken für das Unternehmen zu vermeiden und die ihm übertragenen Aufgaben innerhalb der vorgegebenen Kosten und Zeiten effizient zu erledigen.

Typ 4: Führende, die diesem Quadranten angehören, suchen keine Herausforderungen und sind bestrebt, durch eine starke Kontrolle den Status-quo zu erhalten; sie sind in alle wichtigen Entscheidungen involviert, die ihre Mitarbeiter mehr oder weniger selbständig auszuführen haben.

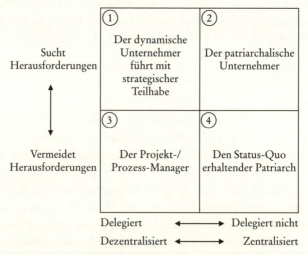

Abb. 1.5 Typisierung unterschiedlicher Führungspersönlichkeiten
(in Anlehnung an Nahavandi, 2009)

Jeder von uns kennt Führende, die sich in einen der vier Quadranten einordnen lassen; jeder Quadrant kennzeichnet einen Führungsstil in seinen extremen Ausprägungen. Typ 1 ist nach meinen Erfahrungen der Idealtypus eines Führenden, der mit strategischer Teilhabe führt. Empirische Untersuchungen zeigen allerdings, dass je nach Persönlichkeit des Führenden, seiner Strategie und Organisation sowie in Abhängigkeit von der Situation auch die anderen Typen erfolgreich sein können.

Erfolgsfaktor Eigenkapital
Eine hohe Eigenkapitalquote ist, so Horst Albach, eine der Erfolgsfaktoren von Unternehmen; die Stärkung der Eigenkapitalquote ist eine der wichtigsten Aufgaben der Strategie eines Unternehmens. Im Jahr 2011 lag der Eigenkapitalanteil der 25 im Leitindex Dax vertretenen Industriekonzerne über 30

Prozent. Der Trend zu mehr Eigenkapital besteht auch in kleinen und mittleren Unternehmen. 27 Prozent aller Unternehmen in Deutschland haben nach Angaben von Creditreform eine Eigenkapitalquote von mehr als 30 Prozent. Die Vorteile des Eigenkapitals sind:
- es steht unbefristet zur Verfügung,
- eine Dividende ist nur im Fall eines Gewinns zu zahlen,
- es gibt die Sicherheit, das Ziel finanzieller Unabhängigkeit aufrecht zu erhalten,
- es ist die flexiblere Variante der Finanzierung; Fremdkapitalzinsen sind Fixkosten, die in schwierigen Zeiten zu Problemen führen können.

Eine hohe Eigenkapitalquote verleiht Sicherheit in unsicheren Zeiten. Die Steigerung der Eigenkapitalquote auf über 40 Prozent ist ein wichtiges Ziel in vielen Unternehmen.

Quelle: G. Giersberg, 40 Prozent Eigenkapital sind das Ziel, in: Frankfurter Allgemeine Zeitung, Nr. 264, 12. November 2011, S. 14.

1.3 Unternehmen brauchen eine Teamkultur. Die neuen Rollen des Leiters eines Teams

Die Fähigkeit der Führungskräfte auf allen Verantwortungsebenen, „high-performing teams" einzurichten, zu entwickeln und neu zu organisieren im Hinblick auf neue Herausforderungen, ist in einer Zeit tiefreichender Veränderungen eine Quelle von Wettbewerbsvorteilen[11]. Die wirksame Führung von Teams, und zwar auf jeder Verantwortungsebene, ist eine nicht-delegierbare Aufgabe einer Führungskraft. Nicht jede Zusammenarbeit von Mitgliedern einer Organisation bedeutet Teamarbeit; ein Team muss von einer Arbeitsgruppe unterschieden werden; die Unterschiede sind in Abbildung 1.6 zusammengefasst[12]. Die Frage, die sich stellt, lautet: „Wie macht man aus einer Arbeitsgruppe ein Team?"

Arbeitsgruppe	Team
Die Mitglieder einer Arbeitsgruppe arbeiten an einem gemeinsamen Ziel, das von oben vorgegeben wird.	Ein Team ist eine Anzahl von Personen mit komplementären Fähigkeiten, die im Hinblick auf ein gemeinsames Ziel zusammenarbeiten, das sie häufig selbst definieren, weiterentwickeln und für dessen Erreichung sie sich gegenseitig verantwortlich machen.
Die Arbeitsgruppe wird von einer Person geleitet.	„Shared Leadership"; die Führungsrollen wechseln je nach Situation und Kompetenz.

---

[11] J.G. Clawson, Level Three Leadership, 5. Aufl., Upper Saddle River 2011, S. 292.
[12] Zu den Kennzeichen eines Teams siehe auch K. Blanchard, Leading at a Higher Level, Harlow 2007, S. 168.

Eine exzellente Führung ist der wichtigste Einzelfaktor für unternehmerischen Erfolg

Arbeitsgruppe	Team
Die Verantwortung liegt bei einer Person.	Die Verantwortung liegt beim Team.
Individuelle Leistungen werden am Ende eines Projektes zusammengefasst.	„Shared Work"; das Ergebnis ist das Produkt gemeinsamer Anstrengungen.
Genau terminierte und effizient geleitete Meetings.	„Open-end meetings", die Kreativität und Produktivität fördern.
Kohärenz und gemeinsame Kultur fehlen.	Die Zusammenarbeit beruht auf gegenseitigem Vertrauen und auf einer kooperativen Kultur.
Die Arbeitsgruppe wird an der Zielerreichung gemessen.	Das Team wird an den Synergien gemessen, die es erreicht hat (1+1 > 2).
Belohnung individueller Leistungen.	Belohnung des Teams.
„Busy work projects"	Nachhaltige Ergebnisse.

Abb. 1.6 Arbeitsgruppe versus Team (in Anlehnung an Katzenbach/Smith, 1994)

Katzenbach und Smith[13] schlagen zehn Regeln für den Leiter eines Teams vor, um aus einer Arbeitsgruppe ein wirksames Team zu machen:

1. Überlasse dem Team die detaillierte Ausarbeitung des Kernauftrages und der Ziele sowie der Strategie, mit der diese erreicht werden sollen. Dazu muss die Unternehmensleitung allerdings dem Teamleiter ihre strategischen Absichten mitteilen und ihn zur geistigen Mitarbeit einladen.
2. Lass die Führung im Team je nach Situation und Fähigkeiten der Mitglieder rotieren.
3. Verpflichte die Mitglieder zu gegenseitiger Verantwortung.
4. Schaffe Rahmenbedingungen, die eine auf Vertrauen basierende Zusammenarbeit erlauben.
5. Mach das Team verantwortlich für die Ergebnisse.
6. Sorge dafür, dass die gemeinsame Arbeit an einem Projekt zu synergistischen Ergebnissen führt.
7. Richte open-end-Meetings ein, die Kreativität und Produktivität der Mitglieder entfalten lassen.
8. Belohne das Team und nicht einzelne Mitglieder für gute Leistungen.
9. Konzentriere dich auf das, was notwendig ist, und lass Geschäftigkeit nicht aufkommen.
10. Trenne dich rechtzeitig von Mitgliedern, die Trittbrettfahrer sind oder die Fähigkeiten der anderen Mitglieder nicht ergänzen oder verstärken.

---

[13] Siehe J. R. Katzenbach u. D. K. Smith, The Wisdom of Teams, New York 1994, S. 108 ff.

Daraus ergeben sich Regeln für die Mitglieder eines Teams:
1. Sei im Team bekannt als jemand, der die Dinge erledigt. Führungskräfte lieben Mitarbeiter, die Dinge vorantreiben („to make it happen").
2. Habe im Unternehmen einen Mentor, der dir Perspektiven zeigt.
3. Sammle Erfahrungen auf der gleichen Verantwortungsebene; schlage horizontale Versetzungen nicht aus, wenn sie neue Erfahrungen und neue Verantwortungen bringen und wenn sie deine Reputation und Fähigkeiten stärken.
4. Achte darauf, dass die richtigen Führungskräfte die richtigen Dinge über dich wissen. Mach dich sichtbar, aber auf unaufdringliche Weise.
5. Sei unternehmerisch, entwickle neue Ideen und setze sie um.
6. Habe keine Angst, dein Potenzial zu zeigen.
7. Habe keine Angst, deine Ideen zu „verkaufen".
8. Habe den Mut und die Entschlossenheit, an Türen zu klopfen und um einen Auftrag zu fragen.

Kollektive Intelligenz?
„In Teams sind wir weniger intelligent als wenn wir allein arbeiten. Wenn wir mit Personen zusammenarbeiten, von denen wir annehmen, dass sie klüger sind als wir selbst, reagieren wir, indem wir noch dümmer werden als wir normalerweise sind ... Nach einem langen und langweiligen Meeting bin ich so dumm, dass ich zu nichts mehr fähig bin ... Langeweile senkt den Intelligenzquotienten. Es wäre interessant, herauszufinden, ob auch PowerPoint-Präsentationen den Intelligenzquotienten senken. Meine persönliche Erfahrung besagt, dass dem so ist, es wäre aber hilfreich, Beweise zu haben ... Unternehmen sollten deshalb ihre lange Liebe zu Teamarbeit und Meetings beenden und die Leute zwingen, mehr Zeit für Arbeit allein zu verwenden."
Quelle: L. Kellaway, Meetings of mind are a tool for dulling them, in: Financial Times, February 27, 2012, S. 12.

Empirische Studien zeigen, dass die kollektive Intelligenz eines Teams in dem Maß steigt, wie Frauen integriert sind. Die Leadership-Aufgaben der Führenden ändern sich in einer Teamsituation; ihr unmittelbarer Einfluss nimmt ab, sie führen auf einem niedrigeren Autoritätsniveau.[14] Abbildung 1.7 fasst die neuen Rollen des Leiters eines Teams zusammen. Wer nicht alle Anforderungen mit -1- oder -2- erfüllt, sollte nach meinen Erfahrungen nicht mit der Leitung eines Teams betraut werden.

Aus Abbildung 1.7 lässt sich auch ableiten, dass Leadership in Teams gelernt und gezeigt werden kann. Das Verhalten der Mitglieder eines Teams und das Verhalten des Leiters eines Teams lassen deshalb gute Rückschlüsse auf die Leadership-Fähigkeiten eines Individuums zu.

---

[14] Dazu mehr in A. Nahavandi, The Art and Science of Leadership, a. a. O., S. 283 ff.

Eine exzellente Führung ist der wichtigste Einzelfaktor für unternehmerischen Erfolg

Der Leiter des Teams:	Trifft zu Trifft nicht zu
• wählt die Mitglieder entsprechend ihren spezifischen Kompetenzen aus.	1 2 3 4 5
• hilft den Mitgliedern, die notwendigen Kompetenzen zu entwickeln.	1 2 3 4 5
• unterstützt die Mitglieder in der Formulierung der Ziele und Aufgaben.	1 2 3 4 5
• definiert die Rahmenbedingungen und die Grenzen der Teamarbeit in der Organisation.	1 2 3 4 5
• achtet darauf, dass sich die Mitglieder auf die strategischen Absichten der Unternehmensleitung konzentrieren.	1 2 3 4 5
• fördert die Zusammenarbeit mit anderen Teams, soweit das hilfreich ist.	1 2 3 4 5
• lässt das Team Ziele und Strategien weiterentwickeln.	1 2 3 4 5
• beobachtet und steuert aus der Ferne.	1 2 3 4 5
• berät und ermutigt die Mitglieder.	1 2 3 4 5
• löst Konflikte und stärkt die Beziehungen zwischen den Mitgliedern.	1 2 3 4 5
• genehmigt Aus- und Weiterbildungsmaßnahmen.	1 2 3 4 5
• unterstützt das Team bei der Entwicklung des Umsetzungsplans.	1 2 3 4 5
• zeigt Führungsstärke in schwierigen Situationen.	1 2 3 4 5
• beschafft die Ressourcen, die für die Arbeit des Teams benötigt werden.	1 2 3 4 5
• misst und feiert die Fortschritte.	1 2 3 4 5
• spricht Lob und Anerkennung für gute Leistungen aus.	1 2 3 4 5
• lässt Stress der Mitglieder ein verträgliches Ausmaß nicht übersteigen.	1 2 3 4 5

Abb. 1.7 Die neuen Rollen des Leiters eines Teams (modifiziert nach Nahavandi, 2009)

Teams stehen in der Regel unter Zeitdruck. Je größer der Zeitdruck ist, desto höher ist die psychische Belastung der Mitglieder. Medizinische Untersuchungen zeigen, dass Stress am Arbeitsplatz für ein Drittel aller Herzinfarkte verantwortlich ist. Eine Studie der Universität Helsinki ergibt, dass die Mitarbeiter, die viel Energie in ihre Arbeit stecken, dafür aber nicht entsprechend anerkannt und entlohnt werden, das zweifache Risiko eines Herzinfarktes laufen. Es zählt deshalb zur Verantwortung des Leiters eines Teams, dass sich der Stress der Mitglieder in vernünftigen Grenzen hält.

Sollen die Mitglieder eines Teams, die ähnliche Aufgaben wahrnehmen, gleich bezahlt werden oder sollten unterschiedliche Entlohnungsstufen in Teams eingerichtet werden? Empirische Untersuchungen zeigen, dass Teams umso erfolgreicher sind, je geringer die Entlohnungsdifferenzen sind; je größer die Unterschiede sind, desto niedriger ist die Leistung der Mitglieder des Teams, die sich unterbezahlt fühlen. Die Untersuchungen zeigen aber auch, dass große Entlohnungsdifferenzen überdurchschnittlich bezahlte Teammitglieder in ihrer individuellen Leistung negativ beeinflussen.[15]

Der Erfolg eines Teams ist, zusammenfassend, direkt proportional zur Identifikation der Mitglieder mit dem Auftrag und den Zielen sowie mit der Strategie, mit denen diese erreicht werden sollen. Identifikation wird erreicht, wenn die Mitglieder:

1. die Ziele und strategischen Absichten der Unternehmensleitung kennen,
2. mit einem delegativen Führungsstil geführt werden,
3. selbständig und initiativ arbeiten,
4. am Arbeitsplatz wachsen, lernen und sich weiterentwickeln können und
5. ähnlich bezahlt werden.

Das Erfolgscontrolling

Der Leiter eines Teams benötigt Kriterien, die den gegenwärtigen Zustand wichtiger Prozesse anzeigen, mit denen ein bestimmtes Ziel erreicht werden soll. Die folgenden Leitprinzipien können helfen, ein System zu installieren, mit dem der Leiter des Teams feststellen kann, ob sich kritische Tätigkeiten des Teams auf der richtigen Linie und mit der gewünschten Geschwindigkeit bewegen[16]:

1. Die Messkriterien sollen dem Team während der Prozesse und nicht post factum helfen, entsprechende Korrektur- oder ergänzende Maßnahmen einzuleiten; sie sollen ein Frühwarnsystem darstellen.
2. Das Team selbst sollte die Messgrößen definieren. Dazu müssen die strategischen Absichten der Unternehmensleitung den Mitgliedern des Teams bekannt sein.
3. Die Messgrößen sollten multifunktional sein, die gesamte Arbeit des Teams und nicht einzelne Aspekte davon anzeigen.

---

[15] Siehe hierzu F. Vermeulen, Business Exposed. The naked truth about what really goes on in the world of business, Harlow 2010, S. 202–204.
[16] Siehe Ch. Meyer, How the Right Measures Help Team Excel, in: Harvard Business Review 72, No. 3, May/June 1994, S. 95–103.

4. Die Anzahl der Messgrößen sollte möglichst klein sein. Eine strategische Weisheit besagt, dass der General die Schlacht bereits verloren hat, der vor der Schlacht mehr als sieben Fragen stellt. Die Obergrenze sollte deshalb nicht mehr als sieben Messgrößen sein.
5. Grafische Darstellungen erhöhen die Aussagekraft der Kennzahlen.

Das System sollte den Leiter des Teams und die Mitglieder laufend informieren, wie sich die Arbeiten entwickeln und welche Korrektur- oder Ergänzungsmaßnahmen notwendig sind. Beispiele für Messgrößen sind: Stand von F&E, Prototypenentwicklung, Produktionsüberführung, Sicherheit, Marketing und dgl. mehr. Wie Darwin nachgewiesen hat, sind Teams, die zusammenhalten und deren Mitglieder kooperieren, Teams überlegen, die das nicht tun und in denen egoistische Interessen überwiegen.

Fehlertoleranz und Verantwortung

Der Leiter eines Teams oder einer Abteilung muss, genauso wie der Leiter einer Strategischen Geschäftseinheit oder eines Unternehmens, die volle Verantwortung für Fehler, Ineffizienzen oder Versäumnisse übernehmen, die in seinem Verantwortungsbereich aufgetreten sind.

Der häufige Einsatz von Meetings und die Vielzahl der Adressaten in den E-Mails schaffen ein Umfeld, in dem oft kein persönliches Engagement für konkrete Handlungen vorhanden ist. Je größer die Anzahl der Meetings und E-Mails ist, desto geringer scheint die Neigung der Mitarbeiter zu sein, die Informationen und das Wissen zu erwerben, die für wirksame Entscheidungen notwendig sind.

Führungskräften muss die persönliche Verantwortung für Aufgaben übertragen werden; sie können selbstverständlich diese Aufgaben delegieren und Mitarbeiter in ihre Entscheidungen einbinden – was jedoch nicht die persönliche Verantwortung vermindert oder beseitigt. Steve Jobs betonte in seinem Führungsverhalten die Rolle und Wichtigkeit des „direkt verantwortlichen Individuums" („direct responsible individual"), also einer Person, die für jede neue Tätigkeit oder für ein Projekt verantwortlich ist.

Eine *Teamkultur* lässt sich einrichten, wenn die Unternehmensleitung die Führungskräfte an ihren Strategien teilhaben lässt und die Organisation Führungskräften und Mitarbeitern erlaubt, Fehler zu machen, sie aber gleichzeitig ermutigt, diese einzugestehen und zu diskutieren, um daraus im Interesse des Unternehmens zu lernen – ohne für die Fehler bestraft zu werden. Das soll verhindern, dass sich Führungskräfte und Mitarbeiter für Projekte engagieren, die gut laufen, und sich von denen distanzieren, deren Ausgang unsicher ist. In allen Unternehmen gehen viele Dinge so, wie sie nicht sollten; erfolgreich sind die Unternehmen, in denen aus der Vielzahl der Initiativen einige, wenige bahnbrechende Innovationen und Erfolge hervorgegangen sind.

Wenn Teams öfters die vereinbarten Ziele nicht erreichen, dann handelt es sich um einen systemischen Fehler in der Organisation, für den der Leiter der

Organisationseinheit die Verantwortung trägt. Es ist die Verantwortung des Leiters eines Teams, die richtigen Mitarbeiter auszuwählen, Aufgaben, Kompetenzen und Verantwortung zu übertragen und eine Umwelt zu schaffen, in der jeder sein Bestes geben kann. Dafür ist eine gute Führung zuständig. Fehler sind Fehler der Führung, nicht des Teams. Die Letztverantwortung bleibt im jeden Fall beim Leiter der Einheit und ist nicht delegierbar.[17]

> *Not on my watch*
> Bob Diamond, CEO von Barclay, verlässt im Juli 2012 das Unternehmen. In einem Brief an seine Mitarbeiter schreibt er, dass das skandalöse Verhalten seiner Händler ihm nicht bekannt war („not on my watch"). Der Kapitän eines Schiffes – der Ausdruck stammt aus der Seefahrt – ist verantwortlich für alles, was an Bord geschieht, ob er es wusste oder nicht. Der Kapitän ist deshalb interessiert, so viel wie möglich zu wissen.
> Würde Bob Diamonds Aussage gelten, dann wäre ein Unternehmer nur für Dinge verantwortlich, bei denen ihm nachgewiesen werden kann, dass er persönlich und direkt informiert war. Ein Unternehmer hätte in diesem Fall einen Anreiz, so wenig wie möglich direkte Informationen zu haben. Dies ist, so John Kay, der Unterschied zwischen der Kultur eines gut geführten Unternehmens und dem Chaos auf dem Spielplatz einer Schule, der erfüllt ist mit dem Schrei „Das war nicht ich!".
> Es sind Welten zwischen einer Organisation, in der die Mitarbeiter belohnt werden, dem Management all das mitzuteilen, was es wissen muss und einer Organisation, in der die Mitarbeiter bestraft werden, wenn sie dem Management mitteilen, was es nicht zu hören wünscht.
> Quelle: J. Kay, ‚Not on my watch': a rule as applicable to banks as it is to the navy, in: Financial Times, July 4, 2012, S. 2.

1.4 Nutzenerwägungen und Engagement der Mitarbeiter in Situationen der Unsicherheit und Ambiguität

Ein Unternehmen hat eine Teamkultur, wenn die Mehrheit der Führungskräfte hinter den Entscheidungen steht, die gemeinsam getroffen werden und zwar auch dann, wenn gravierende Änderungen die Folge sind. Das gleiche gilt für die Führung eines Teams; der Leiter eines Teams muss sich sicher sein, dass eine hinreichend große Anzahl von Mitgliedern hinter der Entscheidung steht.[18] Nur wenn eine hinlänglich große Anzahl von Führungskräften und Teammitgliedern die Entscheidungen mitträgt, ist deren Umsetzung gesichert. Denn dann ist es auch für die übrigen vernünftiger, sich der Umsetzung nicht zu widersetzen.

---

[17] Dazu J. Kay, Managers must take blame for systemic failures, in: Financial Times, July 13, 2011, S. 11.
[18] Wir folgen H. Albach, Allgemeine Betriebswirtschaftslehre, a. a. O., S. 299–300.

Der Vorstand eines Unternehmens oder der Leiter eines Teams tun gut daran, vor strategischen Entscheidungen sich eines hinreichend großen Konsenses von Mitarbeitern zu vergewissern, die diese Entscheidungen entschlossen umzusetzen bereit sind. Dazu müssen sich Vorstand und Teamleiter in die Lage eines jeden Mitarbeiters versetzen und dessen Nutzenerwägungen nachvollziehen. Die übrigen Mitarbeiter werden der Einfachheit halber als homogener Block betrachtet. Abbildung 1.8 zeigt beispielhaft eine Entscheidungsmatrix. Auf einer Skala von 1 bis 10 wird der Grad an Zustimmung, von -1 bis -10 an Ablehnung angegeben. Die Frage lautet: Bei welchem Prozentsatz der Führungskräfte oder Mitglieder eines Teams, die sich für eine strategische Entscheidung einsetzen, ist der einzelne Mitarbeiter indifferent zwischen Unterstützung oder Opposition? Im vorliegenden Fall liegt dieser Prozentsatz bei rund 60 Prozent (Abbildung 1.9). Für den einzelnen Mitarbeiter ist es also zweckmäßig, sich für die Umsetzung der Entscheidung engagiert einzusetzen, wenn davon ausgegangen werden kann, dass mindestens 60 Prozent der Mitarbeiter die Entscheidung mittragen.

Der einzelne Mitarbeiter:	Alle anderen … … akzeptieren die strategischen Entscheidung	… widersetzen sich der strategischen Entscheidung
Ich akzeptiere die strategische Entscheidung	10	–8
Ich widersetze mich der strategischen Entscheidung	4	0

Abb. 1.8 Entscheidungsmatrix in Situationen der Unsicherheit und Ambiguität (in Anlehnung an Albach, 2001)

Je mehr die Unternehmensleitung den Führungskräften einen Ausschnitt aus ihren strategischen Absichten, Gedankengängen und Motivierungen gibt und je besser diese das Gesamtbild kennen, das mit ihren individuellen Beiträgen entsteht oder entstanden ist, desto höher ist die Wahrscheinlichkeit, dass die Führungskräfte und Mitarbeiter die Entscheidung mittragen.

Leadership Insight
„As a leader, you have the power to influence, and you make a choice to either influence negatively or positively."
Jeffrey Gitomer

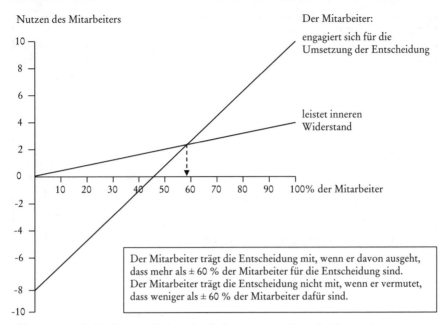

Abb. 1.9 Der kritische Anteil der Mitarbeiter, um eine Entscheidung mitzutragen (in Anlehnung an Albach, 2001)

1.5 Wie geht man mit psychopathischen Führungskräften und Mitarbeitern um?

Psychopathie ist eine Persönlichkeitsstörung, die sich in den in Abbildung 1.10 dargestellten Merkmalen und Verhaltensweisen zeigt. Die meisten Menschen haben eine Punktezahl kleiner als 3; eine Punktezahl größer als 18 ist ein Indiz für psychopathisches Verhalten.[19] Empirische Untersuchungen zeigen, dass etwa 1 Prozent der Bevölkerung Psychopathen sind, in Organisationen liegt der Anteil bei etwa 3 bis 5 Prozent. Etwa weitere 10 Prozent fallen nach Babiak und Hare in einen Graubereich mit hinreichenden psychopathischen Merkmalen, um anderen Sorgen zu bereiten. Es muss also damit gerechnet werden, dass Unternehmensmitglieder psychopathische Verhaltensweisen zeigen. Das Problem dabei ist, dass Psychopathen häufig unternehmerische Verhaltensweisen zeigen, die Führungsfähigkeiten ähnlich sind. „Some companies quiet innocently recruit individuals with psychopathic tendencies because some hiring managers may mistakenly attribute leadership labels to what are, in actuality, psychopathic behaviors."[20]

---

[19] Siehe B. Babiak u. R.D. Hare, Snakes in Suits: When Psychopaths Go to Work, New York 2006, S. 17 ff.; siehe auch R.D. Hare, Without Conscience: The Disturbing World of the Psychopaths Among Us, New York 1999, S. 34 ff.
[20] B. Babiak u. R.D. Hare, Snakes in Suits, a.a.O., S. XI.

Zwischenmenschliches Verhalten	
Die Person ist: • oberflächlich • grandios und egozentrisch • betrügerisch und manipulierend	Trifft nicht zu Trifft zu 0 1 2 0 1 2 0 1 2
Affektives Verhalten	
Die Person ist gekennzeichnet dadurch, dass • sie ohne Gewissensbisse und Schuldgefühle ist • ihr Empathie fehlt • sie keine Verantwortung akzeptiert; Versprechen und Verpflichtungen bedeuten ihr nichts	Trifft nicht zu Trifft zu 0 1 2 0 1 2 0 1 2
Lebensstil	
Die Person ist: • impulsiv • ohne Ziele • ohne Verantwortungsbewusstsein	Trifft nicht zu Trifft zu 0 1 2 0 1 2 0 1 2
Antisoziales Verhalten	
Die Person hat: • ihr Verhalten schlecht unter Kontrolle • in der Jugend antisoziales Verhalten gezeigt • im Erwachsenenalter sich antisozial verhalten	Trifft nicht zu Trifft zu 0 1 2 0 1 2 0 1 2

Abb. 1.10 Bereiche und Merkmale psychopathischen Verhaltens
(Quelle: Babiak/Hare, 2006)

Psychopathen spielen meisterhaft verschiedene Rollen:
- sie sind Meister der Selbstdarstellung und stellen sich auf andere nach Maßgabe von deren Vorstellungen und im Eigeninteresse ein;
- sie sind gute Kommunikatoren, die andere mitreißen, wenn sie ihre persönlichen Ziele erreichen;
- sie sind liebenswürdig, wenn sie dadurch Vorteile erzielen und andere manipulieren können;
- sie ergreifen die Initiative, treffen Entscheidungen und zeigen Führungsstärke, die auf Kosten anderer ihren Interessen dient;

- sie setzen die Leistungen anderer herab und fördern Konflikte, wenn sie ihren Interessen dienen.

Die Konsequenzen der Einstellung von Führungskräften und Mitarbeitern mit psychopathischen Tendenzen sind gravierend:[21]
- Unfähigkeit, ein starkes Team zu bilden oder im Team die Fähigkeiten der Mitglieder zur Entfaltung zu bringen,
- Unfähigkeit und mangelnde Bereitschaft, Informationen zu teilen,
- unterschiedliche Behandlung von Teammitgliedern,
- Unbescheidenheit und Arroganz,
- Unfähigkeit, für eigene Fehler einzustehen und Kritik zu akzeptieren,
- Unfähigkeit, auf eine vorhersehbare, rationale Weise zu handeln,
- Unfähigkeit, in Krisensituationen Ruhe zu bewahren,
- Unfähigkeit, zu handeln, ohne aggressiv zu werden.

Babiak und Hare zeigen, dass bei Einstellungs- und Beurteilungsgesprächen von Führungskräften und Mitarbeitern drei Ebenen von Antworten berücksichtigt werden müssen:[22]
1. die offene Antwort auf Fragen wie: „Aus welchen Gründen haben Sie Ihre bisherige Stelle aufgegeben?", „Welche Ziele haben Sie in Ihrer letzten Tätigkeit erreicht, welche nicht?", „Warum sollten wir gerade Sie einstellen?" und andere mehr.
2. der Eindruck, den der Kandidat auf den Interviewer machen will, und
3. die dahinterstehenden Kompetenzen, Beweggründe und Werte, die aus den offenen Antworten abgeleitet werden können.

Psychopathen sind, wie erwähnt, Meister der Verstellung. Es ist deshalb wichtig, fundierte Informationen über das Verhalten der Führungskraft und des Mitarbeiters in der Vergangenheit einzuholen und ihre Aussagen im Licht der drei obigen Kriterien zu verifizieren.

Regeln für den Umgang mit psychopathischen Vorgesetzten:[23]
1. Baue eine Reputation als guter Leistungsträger auf, erhalte sie und versuche, die Erwartungen zu übertreffen.
2. Halte Auftrag und Ziele schriftlich fest. Dokumentiere so viel wie möglich.
3. Gib dem Vorgesetzten im Rahmen des Mitarbeitergespräches deine eigene Leistungsbeurteilung – dein self-assessment. Je fundierter dein self-assessment deine Leistungen reflektiert, desto besser unterstützt die offizielle Leistungsbeurteilung deine Reputation als loyaler und fähiger Leistungsträger.
4. Vermeide Konfrontation.

---

[21] Siehe B. Babiak u. R.D. Hare, Snakes in Suits, a.a.O., S. 248 ff.
[22] B. Babiak u. R.D. Hare, Snakes in Suits, a.a.O., S. 219 ff.
[23] Siehe B. Babiak u. R.D. Hare, Snakes in Suits, a.a.O., S. 303 ff.

5. Sei vorsichtig bei einer formalen Beschwerde. Psychopathische Führungskräfte verfügen in der Regel über gute Netzwerke im Unternehmen.
6. Halte deinen Lebenslauf up-to-date, suche nach internen Karrieremöglichkeiten und sei bereit, jederzeit neue Aufgaben zu übernehmen.
7. Sei bereit, das Unternehmen zu verlassen, ein neues Leben und eine neue Karriere zu beginnen.

Regeln für den Umgang mit psychopathischen Mitarbeitern oder Teammitgliedern:[24]

1. Bezeichne niemanden leichtsinnig als „Psychopathen". Das Verhalten eines Menschen kann unethisch, betrügerisch usw. sein, muss aber nicht psychopathisch sein.
2. Verbessere kontinuierlich deinen Führungsstil.
3. Richte offene Kommunikationslinien mit den anderen Mitarbeitern und Mitglieder des Teams sowie mit deinem Vorgesetzten ein.
4. Dokumentiere so viel wie möglich.
5. Nutze das Leistungsbeurteilungssystem des Unternehmens, um unethisches, manipulatives Verhalten zu dokumentieren.
6. Suche Unterstützung in der HR-Abteilung.

Zusammenfassend gilt, dass man nie dem Schein trauen soll. Die Ausstrahlung eines Menschen resultiert aus der Übereinstimmung zwischen dem, was er sagt und dem, was er ist, was er verspricht, und was er liefert. Moltkes Devise war: „Mehr sein als scheinen".

1.6 Zusammenfassung

Je größer die Komplexität der unternehmensinternen und -externen Zusammenhänge und je tiefreichender die Veränderungen im Unternehmen sind, desto größer ist der Beitrag einer exzellenten Führung auf Makro- und Mikroebene zum nachhaltigen unternehmerischen Erfolg. Die Ausführungen untersuchen die unterschiedlichen Anforderungen der Führung von Unternehmen und von Teams; sie gehen von einer unternehmerischen Perspektive aus und unterstellen, dass sich Führungskräfte und Mitarbeiter so verhalten wollen, wie es das Gesamtinteresse des Unternehmens von ihnen verlangt; sie verhalten sich also innovativ – soweit dies die Kultur und die „recommended practices" des Unternehmens zulassen.

Die Hauptergebnisse der Ausführungen des ersten Kapitels sind:
1. Natur, Inhalt und Prozess der Führung auf der Ebene von Unternehmen und Teams unterscheiden sich hinsichtlich Verantwortungsebene, Reichweite und Zeithorizont; in ihrer Natur ist die Führungsproblematik auf beiden Ebenen ähnlich.

---

[24] Siehe B. Babiak u. R.D. Hare, Snakes in Suits, a.a.O., S. 312ff.

2. Die nicht-delegierbaren Aufgabenbereiche der Personen, die eine Gesamtverantwortung für das Unternehmen oder eine Strategische Geschäftseinheit tragen, werden anhand des Leadership-Hauses veranschaulicht.
3. Führen mit strategischer Teilhabe verlangt, dass Unternehmer die Herausforderungen suchen und die Führungskräfte durch Einbeziehung in ihre Gedankengänge zu Selbsttätigkeit und Eigeninitiative animieren.
4. Es wird gezeigt, wie aus einer Arbeitsgruppe ein Team gemacht wird.
5. Die Führung von Teams verlangt ein neues Verständnis der entsprechenden Führungsrolle. Ein Selbstbeurteilungstest klärt den Erfüllungsgrad.
6. Die Teamkultur ist ein wesentlicher Erfolgsfaktor im Unternehmen.
7. Das Engagement der Führungskräfte und Mitarbeiter in Situationen der Unsicherheit und der Ambiguität hängt von ihrer Einschätzung des Verhaltens der voraussichtlichen Mehrheit ab; dieses lässt sich messen.
8. In allen Organisationen weisen etwa 3 bis 5 Prozent der Mitarbeiter psychopathische Merkmale auf. Weitere 10 Prozent fallen in einen Graubereich mit hinreichenden psychopatischen Merkmalen, um anderen Sorgen zu bereiten. Es werden Regeln vorgestellt, wie man mit psychopathischen Vorgesetzten und Mitarbeitern umgeht.

2. Die Schließung der Lücke zwischen Leadership und Strategie. Die Leadershiplücke

> *„Ein Fehler in der ursprünglichen Versammlung der Heere ist im ganzen Verlauf des Feldzuges kaum wieder gutzumachen. Aber diese Anordnungen lassen sich lange vorher erwägen und – die Kriegsbereitschaft der Truppen, die Organisation des Transportwesens vorausgesetzt – müssen sie unfehlbar zu dem beabsichtigten Resultat führen."*
>
> Helmuth von Moltke

Eine exzellente Führung ist der Ausgangspunkt der strategischen Führung eines jeden Unternehmens und einer jeden Non-Profit-Einrichtung. Die besten Strategien nützen nichts, wenn nicht unternehmerische Führungskräfte in der notwendigen Anzahl verfügbar sind. Ein Unternehmen kann nur dann erfolgreich in die Zukunft geführt werden, wenn die Frage beantwortet werden kann, wer in der Lage ist, die Strategien zu entwickeln und umsetzen zu lassen, und dafür auch die Verantwortung trägt.[1] Empirische Untersuchungen, die Industriegeschichte und persönliche Erfahrungen zeigen, dass häufig die Unternehmensleitung erfolgversprechende Strategien formuliert, aber nicht die richtigen Führungskräfte zur Verfügung hat. Diese Lücke muss geschlossen werden (Abbildung 2.1).

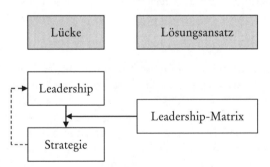

Abb. 2.1 Die Schließung der Lücke zwischen Leadership und Strategie

Ajax oder Odysseus?
Im trojanischen Krieg ist Agamemnon, der König der Griechen, unsicher, ob er die prachtvolle Rüstung des gefallenen Achilles als Belohnung für kriegerische Leistungen Ajax oder Odysseus geben soll. Ajax ist der loyale, uner-

---

[1] Mehr dazu in meinem Buch: Strategische Unternehmensführung, Band I, a.a.O., S. 15 ff.

müdliche Krieger, ein Arbeitstier, Odysseus der listenreiche, betrügerische Stratege. Odysseus ist der Erfinder des hölzernen Pferdes, in dessen Bauch sich die Griechen verstecken und mit dem sie den Kampf um Troja gewinnen. Ajax ist zuverlässig, allseits geschätzt und anerkannt, er genießt das Vertrauen im Heer, für ihn gehen seine Krieger durchs Feuer und nehmen die schwersten Entbehrungen auf sich. Odysseus ist voller Ideen, unbeständig, ihm kann man nicht vertrauen; seine Werte drehen sich, so wie sich seine opportunistischen Wünsche ändern. Ajax hat stets das Wohl der anderen im Auge, Odysseus sein eigenes.

Die Ratgeber warnen Agamemnon, dass Ajax das Heer verlassen würde, sollte er die Rüstung des Achilles nicht erhalten. Auch Odysseus würde ihn verlassen, wenn ihm die Belohnung verweigert würde. Ajax ist leichter zu ersetzen als Odysseus, es gibt viele Griechen, die seine Arbeit übernehmen könnten. Durch die Strategie des Odysseus triumphieren die Griechen schließlich über die Trojaner nach einem neun Jahre währenden Krieg. Troja endet in Flammen und in einem Meer von Blut,

Agamemnon lässt beide zu einem Redewettbewerb antreten. Ajax verliert. Odysseus erhält den Preis. Ajax bringt sich um.

Was ist mehr wert? Schlauheit oder harte Arbeit? Stärke oder Intelligenz? Loyalität oder Erfinderreichtum? Welcher Beitrag sollte höher bewertet werden?

An dem, der die Belohnung erhält, erkennt man die Führungswerte einer Gemeinschaft.

Quelle: P. Woodruff, The Ajax Dilemma: Justice, Fairness, and Rewards. Oxford 2011

Ein Fall

Der Leiter einer Strategischen Geschäftseinheit, die im Portfolio eines internationalen Konzerns von großer Bedeutung ist und in einem schwierigen Wettbewerbsumfeld eine Offensivstrategie verfolgt, verlässt das Unternehmen aufgrund einer schweren Erkrankung. Der CEO des Konzerns muss ihn dringend ersetzen. Er zieht zwei Kandidaten in die engere Wahl, von denen er annimmt, dass beide in der Lage sind, die laufende Strategie weiterzuentwickeln und erfolgreich umzusetzen.

Kandidat A ist ein hart arbeitender, äußerst kompetenter Teamplayer, loyal zum Unternehmen und zu den Mitarbeitern, bei denen er in hohem Ansehen steht. Er hat seine ganze berufliche Karriere im Unternehmen gemacht und koordiniert zurzeit die weltweiten Produktionstätigkeiten des Konzerns. Er ist mutig, passioniert, hilfsbereit und umgibt sich mit A-Playern, deren Entwicklung er fördert.

Kandidat B ist brillant, schlau, kommunikativ, stets voller Ideen. Seine Leistungen als Leiter der zentralen Forschung und Entwicklung des Konzerns sind allgemein anerkannt. Er besitzt Führungsstärke. Man kann ihm allerdings nicht trauen, denn sein Wertesystem scheint sich seinen persönlichen Ambitionen und Bedürfnissen anzupassen. Er ist offensichtlich mehr auf seine persönliche Karriere und seinen persönlichen Erfolg bedacht als auf die nachhaltige Entwicklung des Unternehmens. Während A stets das Wohl der anderen im Auge hat, schaut B in erster Linie auf sich. Er hat öfters Unternehmen gewechselt und jedes Mal einen Karrieresprung gemacht.

Welchem der beiden Kandidaten soll der CEO die Leitung der Strategischen Geschäftseinheit anvertrauen? Wer von den beiden leistet den größeren Beitrag zur Weiterentwicklung und Umsetzung der Strategie? Welcher Beitrag zum bisherigen Erfolg des Unternehmens soll höher gewertet und belohnt werden: Loyalität oder Führungsstärke, zuverlässige, harte Arbeit oder Ideenbrillanz, langfristiges Denken oder Kurzfristmentalität, Zuverlässigkeit oder Findigkeit?

Die Entscheidung des CEO ist auch deshalb von großer Tragweite, da die Mitarbeiter sehr genau beobachten, welches Verhalten im Unternehmen stärker belohnt wird; seine Entscheidung ist letzten Endes eine Entscheidung über die Führungswerte im Unternehmen. Der CEO weiß, dass der Kandidat, der nicht zum Zug kommt, das Unternehmen mit großer Wahrscheinlichkeit verlassen wird. Kandidat A wäre in diesem Fall leichter zu ersetzen als Kandidat B. Erhält Kandidat B nicht die Stelle des Leiters der Strategischen Geschäftseinheit, die er offen anstrebt, besteht die Gefahr, dass er zur Konkurrenz wechselt.

Die Entscheidung des CEO hat schwerwiegende Auswirkungen sowohl für die Strategie wie auch für die Unternehmenskultur; sie kann eine Gemeinschaft aufbauen oder zerstören und damit den Erfolg der Strategie in Frage stellen.

2.1 Die Leadership-Matrix. Die beiden Kriterien für die Beurteilung, Auswahl und Entwicklung der Führungskräfte

Die Entscheidung für eine Strategie wird vom Letztentscheidungsträger oder von einem Team an der Spitze getroffen. Um aber verstanden, richtig interpretiert und durchgesetzt zu werden, bedarf sie des gleichen Denkens bei denen, die zur Entscheidung beigetragen haben und die für deren Umsetzung verantwortlich sind. Die Führungskräfte sind wichtiger als die Strategie, so wie der Fahrer wichtiger als der Rennwagen ist. Diese Überzeugung wird von allen großen Unternehmern geteilt:
- Jack Welch, der frühere CEO und Chairman von General Electric: „Strategy follows people; the right person leads to the right strategy",
- Larry Bossidy, der frühere CEO von AlliedSignal: „I am convinced that nothing we do is more important than hiring and developing people. At the end of the day you bet on people, not on strategies",

Die Schließung der Lücke zwischen Leadership und Strategie. Die Leadershiplücke

- Viktor Vekselberg, CEO von Renova: „Auch wenn Sie mir ein noch so ausgereiftes Strategiepapier vorlegen, ich aber erkenne, dass Sie nicht der richtige Mann sind, mache ich kein Geschäft mit ihnen".

Handeln auf der obersten Verantwortungsebene und Handeln im Team setzt gemeinsames Denken, also einheitliches Verstehen, Begreifen, Urteilen und Schließen voraus, das heisst eine gemeinsame Logik des Handelns der Führungskräfte. Zwischen Führung und Strategie besteht, wie erwähnt, eine Lücke, die geschlossen werden muss. Die Leadership-Matrix ist das Instrument, das sich hierfür eignet.

Zwei Kriterien spielen für die Beurteilung einer Führungskraft die entscheidende Rolle:[2]

1. das Leben und Vorleben der Führungswerte.
2. das Erreichen der vereinbarten Ziele.

Abbildung 2.2 zeigt in Anlehnung an das Vorgehen bei General Electric die beiden Kriterien in der Leadership-Matrix.

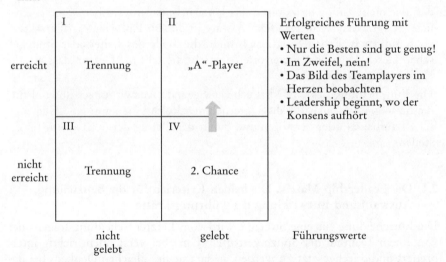

Abb. 2.2 Die Leadership-Matrix für die Beurteilung der obersten Führungskräfte (in Anlehnung an GE)

- *Unternehmerisches Verhalten:*
In welchem Ausmaß hat er oder sie die Fähigkeit, Bereitschaft und den Willen, neue Möglichkeiten zu erschließen, neue Märkte zu „erfinden" oder die Spielregeln in bestehenden Märkten oder im Umfeld des Unternehmens zu verändern?

---

[2] Mehr dazu in meinem Buch: Strategische Unternehmungsführung, Band II, 7. Aufl., Berlin 2004, S. 281–284.

- *Empowerment:*
  In welchem Ausmaß kann er oder sie Mitarbeiter inspirieren und in die Lage versetzen, Spitzenleistungen zu erbringen und die vereinbarten Ziele kreativ und innovativ zu erreichen?
- *Ethische Einstellung:*
  Wie ausgeprägt sind seine oder ihre innere Einstellung und seine oder ihre Loyalität und Integrität, die jede für Mensch, Umwelt und Unternehmen schädliche Aktion verbieten?
- *Durchhaltevermögen:*
  In welchem Umfang ist er oder sie fähig und bereit, eine Aufgabe konsequent durchzudenken und durchzuziehen sowie aus Niederlagen zu lernen?
- *Soziale Kompetenz:*
  Inwieweit verfügt er oder sie über Einfühlungsvermögen, Ausgeglichenheit, Motivations- und Konfliktfähigkeit, Kommunikationsfähigkeit sowie über die Bereitschaft, sein technisches Wissen und Führungsverhalten laufend zu verbessern?
- *Intellektuelle Kompetenz:*
  Wie ausgeprägt sind analytisches Denken, Helikopterfähigkeit, Denken in Netzwerken, strategische Orientierung sowie Prioritätenorientierung?
- *Mut:*
  Inwieweit ist er oder sie fähig und bereit, das zu tun, was schwierig erscheint, und in Situationen Entscheidungen herbeizuführen, wo der Konsens aufhört?
- *Teamfähigkeit:*
  Greift die Führungskraft in Diskussionen Beiträge anderer auf und entwickelt sie sie weiter, schlägt sie akzeptanzfähige Kompromisse vor, integriert sie Fraktionen und werden ihre Argumente von anderen anerkannt?

Diese und ähnliche Werte finden sich in den Leitbildern aller Unternehmen. Es kommt darauf an, ob und wie die Führungswerte gelebt und vorgelebt werden. Wenn sich die Führungskräfte nicht an die proklamierten Werte halten, entfalten letztere eine destruktive Wirkung und fördern zynisches Verhalten der Mitarbeiter geradezu heraus; sie untergraben die Glaubwürdigkeit der Führungskräfte und irritieren die Kunden.

Führen mit strategischer Teilhabe
Gehe keine Kompromisse in Bezug auf die Leadership-Fähigkeiten der Führungskräfte ein. Für die Führung mit strategischer Teilhabe sind die besten Führungskräfte und Mitarbeiter gerade gut genug. „A"-Player erreichen oder übertreffen die Ziele, leben die Führungswerte und haben eine Vision, die sie wirksam und glaubwürdig kommunizieren.

Mit Hilfe einer 360°-Beurteilung kann das Leben und Vorleben der beispielhaft angeführten Führungswerte beurteilt werden.

Im Schnittpunkt der Eintragungen in der Leadership-Matrix ergibt sich die Ist-Situation der betreffenden Führungskraft:
- Führungskräfte vom Typ II sind „A"-Player. Sie leben die Führungswerte, erzielen Ergebnisse und haben eine Vision, die sie überzeugend kommunizieren. Führen mit strategischer Teilhabe verlangt „A"-Player. Wer mit strategischer Teilhabe führen will, darf keine Kompromisse in Bezug auf die Qualität der Führungskräfte eingehen.
- Führungskräfte vom Typ III leben weder die Führungswerte noch erreichen sie die vereinbarten Ziele; eine Trennung ist notwendig, sie dürfte für die Führungskräfte auch keine Überraschung sein.
- Führungskräfte vom Typ IV teilen und leben die Führungswerte, haben die vereinbarten Ziele aber nicht erreicht; sie erhalten eine zweite, oft auch eine dritte Chance; die Ursachen für das Nicht-Erreichen der Ziele können vielfältig sein: das Verhalten des Vorgesetzten, die Arbeitsbedingungen, das System und dgl. mehr. Nach Beseitigung der Ursachen wird erwartet, dass die Führungskräfte die vereinbarten Ziele erreichen.
- Führungskräfte vom Typ I haben die Ziele erreicht, häufig sogar übertroffen, teilen und leben jedoch nicht die Führungswerte des Unternehmens. Diese Art von Führungskräften hat keine Zukunft im Unternehmen. Ziele können auf diktatorische Weise erreicht werden und dabei die Kultur des Unternehmens zerstören. Für das Führen mit strategischer Teilhabe ist diese Art von Führungskräften ungeeignet. Falls sie nicht ihre Einstellung ändern, ist eine Trennung einzuleiten. „Finding leaders who live the values", so Jack Welch, „is more important than finding those who make the numbers".

Gemeinsam mit der HR-Abteilung muss das Controlling die Gründe für das nicht entsprechende Verhalten der Underperformer ermitteln, die auf das System, das Verhalten der Vorgesetzten oder den Mitarbeiter selbst zurückgeführt werden können. Für den, der über einen Zeitraum von zwei Jahren durch sein Verhalten zu den ±10 % Underperformern zählt, wird eine Trennung in die Wege geleitet. Die beste strategische Entscheidung, die ein Unternehmen im Personalbereich treffen kann, meint Dave Ulrich, ist, den Underperformern zu helfen, bei den Konkurrenten unterzukommen – und dabei zu hoffen, dass sie dort lange bleiben.

Diese Matrix-Vorgehensweise ist auch für die Beurteilung des Potenzials einer Führungskraft geeignet. Es geht dann darum, Erwartungen zu beurteilen und kritisch zu hinterfragen: wird die Führungskraft in der Lage sein, die Ziele zu erreichen, ist sie fähig und bereit, die Führungswerte des Unternehmens zu leben?

Ein weiterer guter Prädiktor für das Verhalten eines Menschen in der Zukunft ist sein Verhalten in der Vergangenheit. Einige Fragen:
- Was haben Sie in Ihrem früheren Verantwortungsbereichen getan, das a) Ihre Kreativität, b) Ihr unternehmerisches Verhalten und c) Ihre Gewissenhaftigkeit beweist?

- Was war das Wichtigste, was Sie in Ihrer letzten Aufgabe zu erreichen suchten?
- Warum haben Sie es nicht erreicht?

Erfahrung allein ist kein guter Prädiktor für zukünftiges Führungsverhalten. Entscheidend sind 1) die Qualität der vergangenen Erfahrungen, was man daraus gelernt und gemacht hat und deren Relevanz für zukünftige Führungsaufgaben, und 2) wie man sich nach Niederlagen wieder aufgerichtet und mit neuer Energie alte Leistungsstandards übertroffen hat.

2.2 Die Strategie ist die gemeinsame Logik des Handelns der Führungskräfte

Die Strategie definiert den Rahmen, innerhalb dessen konkrete Maßnahmen gesetzt werden müssen, um in einer komplexen, unsicheren, volatilen und schwer interpretierbaren Welt bestimmte Ziele zu erreichen. Die Strategie ist kein Aktionsplan, sie erhöht aber die Wahrscheinlichkeit, dass konkrete Maßnahmen zum Erfolg führen. Der häufig postulierte Gegensatz von langfristig orientierter Strategie und kurzfristigen Maßnahmen macht deshalb wenig Sinn.

Die Hauptelemente der Strategie:
1. Klare Definition der Ziele: Wo will das Unternehmen in drei bis fünf Jahren stehen und warum?
2. Bestimmung der Wettbewerbsarena: In welchen Segmenten werden wir aktiv sein?
3. Besitz von Wettbewerbsvorteilen: Wie werden wir im Markt gewinnen?
4. Langfristig orientierte HR-Politik: Welche Art von Talenten benötigen wir?
5. Kundenwert versus Kosten: Wie werden wir dabei Geld verdienen?
6. Cash-flow-Profile bei unterschiedlichen Szenarien

Quelle: Hinterhuber, 2011

Die Strategie ist die gemeinsame Logik des Handelns der Führungskräfte, sie richtet auf kohärente Weise die Aktionen in den Funktionsbereichen und regionalen Einheiten auf die Ziele des Unternehmens aus. Dies gelingt dadurch, dass die Strategie Zwischenziele setzt und Rahmenbedingungen schafft, an denen sich die Führungskräfte in den jeweiligen Bereichen orientieren können. Wenn die Strategie also nicht sofort umgesetzt wird, wann dann? Die obersten Führungskräfte müssen sich jedoch vergewissern, dass die Leiter der strategischen Geschäftseinheiten, der Funktionsbereiche und regionalen Einheiten auch entschlossen sind, die Strategie wirksam umzusetzen. Als der amerikanische Präsident Harry S. Truman seinen Schreibtisch im Weißen Haus für General Dwight D. Eisenhower räumte, sagte er: „Da wird nun

Die Schließung der Lücke zwischen Leadership und Strategie. Die Leadershiplücke

General Eisenhower sitzen und sagen: 'Tut dies, tut das!' Und nichts wird geschehen!".[3]

Die Strategie von Honda

Honda hat den Markt für Motorräder in den USA völlig falsch beurteilt. Honda wusste, dass das Marktsegment für große Motorräder attraktiv war und versuchte, ihre stärksten Maschinen in diesem Markt zu verkaufen. Die angebotenen Modelle waren aber zu unzuverlässig für die USA, da die durchschnittlichen Fahrten viel länger waren als auf den übervollen japanischen Straßen. Erst als die Kunden von Honda die kleineren Modelle verlangten, die japanische Führungskräfte für ihre Fahrten zum Arbeitsplatz benutzten, wurde klar, dass sich ein großer Markt für Honda öffnete. Die Führung von Honda setzte unverzüglich ihre besten Führungskräfte und Mitarbeiter für dieses Marktsegment ein.

Der Fall zeigt, dass eine gute Strategie aus mindestens vier Komponenten besteht:

1. kundenfokussierte Marktsegmentierung,
2. auf Dauer haltbare Wettbewerbsvorteile,
3. eine langfristig orientierte HR-Politik und
4. Kundenwert versus Kosten.

Honda hat nach drei Jahren ihre gesamten Investitionsausgaben zurückgewonnen und zum Kapitalkostensatz verzinst.

Die folgenden Ausführungen zeigen, wie die obersten Führungskräfte vorgehen können, damit etwas geschieht und die Strategien erfolgreich umgesetzt werden.

2.3 Der Weg zu „leadership excellence": Die richtigen Führungskräfte in die richtigen Positionen bringen

Ohne fähige Führungskräfte lassen sich die besten Strategien, die entsprechenden Schwerpunkte in den Funktionsbereichen und regionalen Einheiten sowie klarsten Organisationsformen nicht verwirklichen. Jack Welch, der frühere CEO von General Electric, sieht seine wichtigste Verantwortung in der Auswahl der obersten Führungskräfte und in der Entwicklung von *„leadership excellence"* im Unternehmen. Aber auch jeder Vorgesetzte ist dafür verantwortlich, dass die Schlüsselpositionen in seinem Aufgabenbereich mit fähigen Mitarbeitern besetzt sind.

Die Entwicklung von *„leadership excellence"* im Unternehmen kann in drei Schritten erfolgen[4]:

---

[3] Zitiert aus H. Albach, Allgemeine Betriebswirtschaftslehre, 3. Aufl., Wiesbaden 2001, S. 300.
[4] Mehr dazu in meinem Buch: Strategische Unternehmungsführung, Band II, a.a.O., S. 154–156.

1. Bestandsaufnahme der vorhandenen Führungskräfte;
2. Prognose des für die Entwicklung und Umsetzung der Strategien benötigten Führungskräftebedarfs;
3. Ausarbeitung eines Einstellungs- und/oder Beförderungsprogrammes für Führungskräfte zwecks Schließung der Lücke zwischen Ist (1) und Soll (2); dieses – tentative – Programm muss auch Stellvertreter für die Spitzenführungskräfte, individuelle Entwicklungspläne für die für eine Beförderung in Frage kommenden Führungskräfte und entsprechende Entgelt- und Anreizsysteme vorsehen.

Die Bestandsaufnahme und Beförderungswürdigkeit der vorhandenen Führungskräfte kann in Anlehnung an ein bei GE praktiziertes Vorgehen auf eine einfache, aber systematische Weise wie folgt durchgeführt werden (Abbildung 2.3):

1. Jeder Vorgesetzte beurteilt einmal im Jahr die Hauptergebnisse und Hauptschwächen der Mitarbeiter, die an ihn berichten, und zwar in Bezug auf Er-

Beurteilung (Zielerreichung, Werte, außerordentliche Fähigkeiten)			Beispiel
±25% High talent people	Individual Contributors	Leistungsträger mit Potenzial	A-Player: Kurzfristig für nächste Ebene vorgesehen
±65% High potentials	Leistungsträger	Leistungsträger	A-Player: In 2–3 Jahren für nächste Ebene vorgesehen
±10% Less effective people	Problemfälle	Problemfälle	Problemfälle
	begrenzt	mittel	hoch
			Beförderungswürdigkeit (Promotability)

Abb. 2.3 Modell zur Beurteilung der Beförderungswürdigkeit von Führungskräften (in Anlehnung an GE)

reichung der vereinbarten Ziele, Leben und Vorleben der Führungswerte des Unternehmens sowie besondere, herausragende Kompetenzen, Fähigkeiten und Leistungen;
2. er leitet daraus deren Beförderungswürdigkeit (promotability) ab und
3. er beschreibt kurz die Aus- und Weiterbildungsmaßnahmen, die für jede Schlüsselperson vorgesehen bzw. vorzusehen sind.

Auf der Grundlage dieser Vorgehensweise lassen sich die wesentlichen Stärken und Schwächen der Organisation ermitteln und die entsprechenden Entscheidungen treffen. Das Ranking ist allerdings mit Fingerspitzengefühl und Urteilsfähigkeit zu handhaben.

Die *Prognose des Führungskräftebedarfs* geht von den Strategien und entsprechenden Schwerpunkten in den Funktionsbereichen und regionalen Einheiten aus. In vielen Unternehmen erstreckt sich diese Prognose auf einen Zeitraum von drei bis fünf Jahren; besonderer Wert wird darauf gelegt, das Organisationssystem zu bestimmen, mit dem das Unternehmen in fünf oder zehn Jahren operieren muss, wenn es in seinen Märkten zu den führenden Wettbewerbern zählen will.

> *Die Grundsätze der Strategie sind einfach*
> „Ich weiß, dass man geneigt ist, den Mittelpunkt der Dinge da zu suchen, wo man sich selbst befindet, und unterwerfe daher gerne auch meine Ansicht der Prüfung (um so mehr, als die höheren strategischen Fragen in Theorie so einfach sind, dass auch der Nichtmilitär sie vollkommen richtig beurteilt, wenn man ihn auf den Standpunkt führt, von dem aus die Sache entschieden sein will) ... Der richtige Weg, um Beschluss zu fassen, ist, das uns nachteiligste Verfahren des Gegners zu ermitteln."
> *Helmuth von Moltke*

Der dritte Schritt besteht in der *Bestimmung der Maßnahmen*, die notwendig sind, um die Lücke zwischen a) der gegenwärtigen und b) der idealen Organisation zu schließen. Folgende Fragen können hierbei von Nutzen sein:
- Wie bringt man die richtigen Personen zur richtigen Zeit in die richtige Position? Sollen die Spitzenpositionen durch interne Beförderung oder externe Einstellung abgedeckt werden? Beide Wege haben Vor- und Nachteile, die es im Lichte der Strategien und des Unternehmens abzuwägen gilt.
- Welche Aus- und Weiterbildungsprogramme sollen für die für eine Beförderung oder Versetzung vorgesehenen Führungskräfte eingerichtet werden?
- Welches Entgelt- und Anreizsystem braucht man, damit die Auswahl, Beförderung und Entwicklung der Führungskräfte im Einklang mit den Strategien steht und den berechtigten Erwartungen der Führungskräfte entspricht?

Eine zentrale Rolle im Prozess der Führungskräfteplanung spielt das *Kaderorganigramm* (Abbildung 2.4). Dazu muss das Leistungspotential der Führungskräfte ermittelt werden. Folgende Faktoren bestimmen das *Leistungspotenzial*:

1. *Authentizität:* Übereinstimmung zwischen Worten und Taten, Glaubwürdigkeit, mehr sein als scheinen; Integrität, Werteorientierung
2. *Ganzheitliche Betrachtungsweise*: Fähigkeit, Fakten oder Probleme als Teile eines größeren Systems zu sehen („Helikopterfähigkeit") sowie Fähigkeit, seine Aufmerksamkeit gleichmäßig auf verschiedene, relativ voneinander unabhängige Beziehungsfelder zu verteilen und dabei die Vernetzungen zu berücksichtigen
3. *Kreativität, Intuition und Phantasie*: Fähigkeit zu schöpferischen Einfällen; Fähigkeit, erfolgreich immer von neuem zu beginnen, Abstand zu gewinnen von der konkreten Situation und neue Möglichkeiten zu durchdenken
4. *Analysefähigkeit*: Fähigkeit, die wesentlichen Elemente eines Problems und seiner Ursachen zu erfassen, kritisch zu prüfen und Problemlösungen zu erarbeiten
5. *Realitätssinn*: Disziplin und Konkretheit im Denken; Fähigkeit, die Dinge so zu sehen, wie sie sind
6. *Leadership*: Fähigkeit, den Konsens zu organisieren und ein Individuum oder eine Gruppe in die Lage zu versetzen, neue Möglichkeiten zu erschließen und/oder Probleme kreativ zu lösen; wirkliche Leadership beginnt allerdings dort, wo der Konsens aufhört.
7. *Emotionale Stabilität*: Kontinuität und Stabilität des Leistungsniveaus unter Stress- oder Konfliktbedingungen
8. *Sensibilität*: Fähigkeit, die Bedürfnisse der Mitarbeiter zu erkennen, sich entsprechend zu verhalten und objektiv zu erfassen, wie das eigene Verhalten von den anderen interpretiert wird
9. *Flexibilität und Anpassungsfähigkeit*: Fähigkeit, Führungsstil und Problemansatz im Hinblick auf die Qualifikationen der Mitarbeiter und Anforderungen der Situation zu ändern
10. *Ausdauer*: Fähigkeit, sich einem Problem bis zu seiner Lösung zu widmen
11. *Initiative*: Fähigkeit, die Umstände zu beeinflussen statt diese passiv zu akzeptieren
12. *Synthesefähigkeit*: Fähigkeit, auf der Basis konkreter Tatbestände zu logischen Schlussfolgerungen zu gelangen
13. *Entscheidungsfähigkeit*: Fähigkeit, rechtzeitig Entscheidungen unter Unsicherheit zu treffen sowie den eigenen Verantwortungsbereich aus der Perspektive der übergeordneten Entscheidungsträger zu sehen
14. *Organisationsfähigkeit*: Fähigkeit, die eigene Tätigkeit und die der Mitarbeiter wirksam zu planen und zu organisieren

15. *Kommunikationsfähigkeit*: Fähigkeit, auf klare und überzeugende Art und Weise Ideen oder Tatbestände mündlich und schriftlich darzulegen
16. *Karriereambitionen*: Fähigkeit, sich mittelfristige Karriereziele zu setzen und sich selbst im Hinblick auf diese Ziele zu entwickeln
17. *Breite des Interessenspektrums*: Umfang und Tiefe der diversifizierten, aktiv kultivierten Interessen hinsichtlich sowohl des eigenen professionellen und geistigen Wachstums als auch der wirtschaftlichen und gesellschaftlichen Umwelt, in die das Unternehmen eingefügt ist
18. *Risikobereitschaft*: Fähigkeit, kalkulierte Risiken einzugehen und immer vorbereitet zu sein
19. *Sinn für Perspektiven und Proportionen*: Verbindung aus Kultur, Geschichtssinn, personen- und sachbezogenem Verhalten sowie personen- und sachbezogenem Wissen.

Im Falle einer hohen Bewertung des Leistungspotentials werden in der Regel Entwicklungshypothesen bis zur Verantwortungsstufe X + 2 in einer mittelfristigen Perspektive (3 bis 5 Jahre) vorgesehen. Bei einer durchschnittlichen Bewertung erstreckt sich die Karriereentwicklung bis zur Verantwortungsstufe X + 1, während bei einer niedrigen Bewertung eine eventuelle horizontale Versetzung erwogen wird.

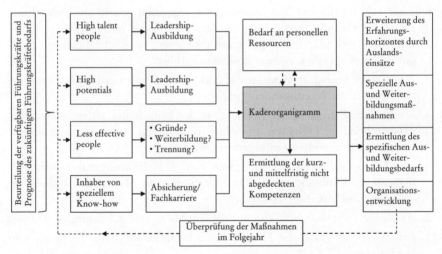

Abb. 2.4 Das Kaderorganigramm als zentrales Element der Führungskräfteplanung und -entwicklung

Diese Hypothesen finden ihren Niederschlag im Kader-Organigramm. Kader bezeichnet den Grundführungskräftebestand eines Unternehmens; im Hinblick auf die Verwendung homogener Daten orientiert sich die Erstellung des Kader-Organigramms in der Regel an drei Kriterien:

1. Im Organigramm einer jeden Organisationseinheit werden die Inhaber einer jeden Position, der sofort verfügbare und der kurzfristig verfügbare Nachwuchs ausgewiesen; „Schlüsselpositionen" werden gesondert hervorgehoben.
2. Die Erstellung von Kader-Organigrammen reicht bis zu den unteren Verantwortungsstufen einer jeden Funktion, damit die Auswirkungen der eventuellen Mobilität der mittleren und oberen Führungskräfte auf die Organisationsstruktur erfasst werden.
3. Dieselbe Person kann für die Besetzung verschiedener Positionen innerhalb oder außerhalb der eigenen Funktion in Erwägung gezogen werden.

Die Kader-Organigramme unterliegen einer häufigen Revision; da sie tentative Beförderungspläne darstellen, die in der Zukunft geändert werden können, sind sie vertraulich zu behandeln. Ein Aspekt der individuellen Entwicklungspläne verdient hervorgehoben zu werden: Der Großteil der Initiative und der Leistung muss von der Führungskraft selbst erbracht werden; das Unternehmen kann den Ausbildungsprozess unterstützen und fördern, gute Führungskräfte werden nur herangebildet, wenn sie selbst die Hauptlast ihrer Entwicklung tragen.

Die ideale Führungskraft

Die ideale Führungskraft erfüllt nach Jack Welch die im nachfolgenden Fragebogen angegebenen Kriterien[5]; ich habe sie in Profilform dargestellt. Für wen nicht alle Fragen mit „1" beantwortet werden können, der kommt für eine Führungsposition nicht in Frage. Wer mit strategischer Teilhabe führen will, muss sich mit „Siegern" umgeben. Sieger erfüllen die Kriterien, die im Fragebogen angegeben sind.

Amerikanische Studien zeigen, dass 60 bis 70 Prozent der Führungskräfte diese Kriterien nicht erfüllen:[6]
- sie sind unfähig, ein wirksames Team aufzubauen,
- führen zu wenig oder zu viel,
- sind überehrgeizig,
- entwickeln und unterstützen ihre Mitarbeiter nicht,
- sind überemotional, wenig sensibel, kalt und arrogant,
- kümmern sich nicht um ihre Mitarbeiter,
- kommunizieren schlecht mit den Mitarbeitern,
- haben ein auffallendes Persönlichkeitsbild
- und dgl. mehr.

---

[5] Siehe J. Welch u. S. Welch, Winning, New York 2005, S. 81–90; siehe auch die vielen Hinweise in J. Krames, The Jack Welch Lexicon of Leadership, New York 2001.
[6] Siehe ausführlich R. K. Wagner, Smart people doing dumb things: The case of managerial incompetence, in: Sternberg, R. J. (Hrsg.): Why smart people can be so stupid, Yale 2002, S. 42–63.

Die Schließung der Lücke zwischen Leadership und Strategie. Die Leadershiplücke

Hiring for the top	I strongly agree I strongly disagree	I don't know
1. *Integrity*: People with integrity tell the truth and keep their word. They take responsibilities for past actions, admit mistakes, and fix them. They know the laws of their country, industry, and company, and abide by them.	1 2 3 4 5	o
2. *Intelligence*: Intellectual curiosity, and breadth of knowledge to work with or lead other smart people in today's complex world.	1 2 3 4 5	o
3. *Maturity*: Handling stress and setbacks, enjoying success with joy and humility, respecting the emotions of others, feeling confident.	1 2 3 4 5	o
4. *Energy*: Ability to thrive on action and relish change. Enthusiasm. Love to work.	1 2 3 4 5	o
5. *Energizing others*: Inspiring the team to take on the impossible. Deep knowledge of the business.	1 2 3 4 5	o
6. *Edge - The courage to make tough yes-or-no decisions*: Ability to stop assessing too many options and to make decisions, without total information.	1 2 3 4 5	o
7. *Execution*: Puts decisions into actions and pushing them forward to completion.	1 2 3 4 5	o
8. *Passion*: Heartfelt, deep, and authentic excitement about work. Caring about colleagues, employees, and friends. Love to learn and grow. Passionate about everything – sports, supporting their alma mater, etc.	1 2 3 4 5	o
9. *Authenticity*: Self-confidence, conviction, not pretending to be something they are not, knowing oneself and feeling comfortable with that.	1 2 3 4 5	o
10. *Ability to see around corners*: Ability to anticipate the unexpected. Sixth sense for market changes and moves by existing competitors and new entrants.	1 2 3 4 5	o
11. *Ability to surround themselves with people better and smarter than they are*: Courage to put together a team of people who sometimes make him look like the dumbest person in the room.	1 2 3 4 5	o
12. *Duty Resilience*: Every leader makes mistakes: Does he learn from his mistakes, regroup, and then go again with renewed speed, conviction, and confidence? Did she have one or two very tough experiences?	1 2 3 4 5	o
The one thing you should ask in an interview to help you decide whom to hire: Why the candidate left his previsious job, and the one before that?		

Fragebogen: Kriterien für die Beurteilung von Führungskräften
    (Quelle: Welch/Welch, 2005)

Die Auswahl, Beförderung und Entwicklung der Führungskräfte ist immer eine individuelle und persönliche Angelegenheit. Kurzfristig muss jedes Unternehmen mit den verfügbaren Führungskräften auskommen; da die ideale, den Strategien entsprechende Organisation nur in den seltensten Fällen mit den verfügbaren Führungskräften verwirklicht werden kann, besteht der einzig praktikable Weg darin, die Organisation schrittweise so zu verändern, dass jeder neue Zustand auf der Linie der Strategie liegt und besser als der vorhergehende ist. Die Auswahl, Beförderung und Entwicklung der Führungskräfte ist deshalb in einer langfristigen Perspektive als nie endender Versuch zu sehen, die beste, mit den Strategien übereinstimmende und den Kompetenzen der Führungskräfte und Mitarbeiter Rechnung tragende Organisation aufzubauen.

In jeder Führungsposition sind Spitzenleistungen erforderlich. Je höher die Führungsposition, desto größer ist der Schaden, der durch eine Fehlbesetzung entsteht. Die *Entfernung unfähiger Führungskräfte* ist immer eine unangenehme und schmerzliche Angelegenheit. Der einzige Weg, der diese Trennung von unfähigen Führungskräften erleichtern kann, besteht darin, rechtzeitig formale, umfassende – und teure – *Leistungsbeurteilungssysteme* einzurichten.

Say on Pay
Die Anlagestiftung Ethos untersucht seit fünf Jahren die Vergütungen der obersten Führungskräfte in den wichtigsten börsennotierten Schweizer Unternehmen. In diesem Zeitraum gab es, mit Ausnahme der Vergütungen im Finanzsektor, kaum Veränderungen. Im Durchschnitt verdient ein CEO im Finanzsektor 7 Mio. Franken, außerhalb des Finanzsektors 4,5 Mio. Franken. Obwohl normative Aussagen über die Vergütungshöhe unmöglich sind, kommt Ethos zum Schluss, dass für einen CEO 2–4 Mio. Franken, in Ausnahmejahren etwas mehr, angemessen wären. Dem werden etwa 50 % der Schweizer börsennotierten Unternehmen gerecht. Bei etwa 50 % macht die Gesamtvergütung von Verwaltungsrat, d. h. Aufsichtsrat, und Geschäftsleitung, also Vorstand, weniger als 5 % des Reingewinns aus.
Nach Ethos sollte die variable Vergütung im Normalfall nicht mehr als 50 % ausmachen. Tatsächlich liegt sie bei etwa 80 %.
Ethos setzt sich für einen stärkeren Einfluss der Aktionäre auf die Gesamtvergütung ein: Die Generalversammlung sollte sich zum zukunftsbezogenen Vergütungssystem und zum vergangenheitsbezogenen Vergütungsbericht äußern können.
Welches Vielfache zwischen der Entlohnung auf der höchsten Ebene und dem niedrigsten Lohn würden Sie als Maß für gerechte Löhne a) in einem kleinen Unternehmen, b) in einem mittleren Unternehmen und c) in einem großen Unternehmen ansehen?
Wie soll die HR-Politik gestaltet werden, wenn eine Lohnobergrenze für die obersten Führungskräfte vorgesehen wäre, die dadurch gleich viel oder we-

> niger verdienen würden als Führungskräfte auf unteren Verantwortungsebenen?
> Quelle: NZZ, 5. Juli 2010, Nr. 152, S. 7

Fehlt es der Unternehmensspitze an Mut, unangenehme personelle Entscheidungen zu treffen und rechtzeitig wirksame Leistungsbeurteilungssysteme aufzubauen, wird das Unternehmen in seinen Märkten nie ein führender Wettbewerber sein.

2.4 Die Leadership-Ausbildung ist die Grundlage für die Führung mit strategischer Teilhabe

Führen mit strategischer Teilhabe erfordert eine einheitliche Ausbildung der Führungskräfte. Führen mit strategischer Teilhabe ist eine Konzeption, die auf Helmuth von Moltke zurückgeht und im nächsten Abschnitt behandelt wird. Sie beruht auf der Notwendigkeit, die Fähigkeit und Autorität der Führungskräfte zu verstärken, aus eigener Initiative zu handeln. Moltke räumte seinen Unterführern eine weitgehende Selbständigkeit ein, im Rahmen der Strategie aus eigener Initiative zu handeln; er war geradezu erpicht, die Initiative der Unterführer anzuregen. Initiatives Handeln war ihm so wichtig, dass er sogar bereit war, deswegen Abweichungen in den Aktionsplänen von seinen strategischen Absichten in Kauf zu nehmen, wenn seine Unterführer eigenmächtig und initiativ handelten, wie es in der Tat in den Feldzügen von 1866 und 1870/71 auch geschehen ist.[7] Er drängte sogar darauf, dass die Unterführer unvorhergesehene taktische Möglichkeiten, die von den Aktionsplänen abwichen, ohne besonderen Befehl auszunützen. „Wo die Unterführer auf Befehle warten, wird die Gunst der Umstände niemals ausgenützt werden", schreibt er in seinen „Militärischen Werken"[8]. Man soll die Unterführer, meint Moltke, niemals daran gewöhnen, weitere Befehle abzuwarten; das lähmt das selbständige Handeln der Unterführer, dann wird leicht der richtige Moment verpasst und es kann schließlich dahin führen, dass nichts geschieht.

Trotz allen Ärgers, den Moltke immer wieder gehabt hat, stemmt er sich dagegen, die Selbständigkeit der Unterführer zu beschneiden. Er ist bahnbrechend in der Schulung der Unterführer in strategischem und operativem Denken. Es kommt ihm darauf an, dass zutreffende Vorstellungen vom unsystematischen Charakter der Strategie zum Allgemeingut aller Unterführer werden. Das System der Führungsausbildung unter Moltkes Leitung war auf fünf wesentliche Punkte begründet:

1. einer ungewöhnlich straffen Ausbildung in Richtung Mitarbeiterführung und einer strengen Auswahl,

---

[7] Siehe dazu J. L. Wallach, Kriegstheorien, Frankfurt am Main 1972, S. 80 ff.; siehe auch St. Bungay, The Art of Action, London 2011, S. 123 ff.
[8] Alle Moltke-Zitate sind meinem Buch: Leadership, a. a. O., entnommen.

2. einer Ausbildung, die weniger das rein Handwerkliche auf dem Gebiet der Führung betont und mehr zur kreativen Mitarbeit in der höheren Führungsebene bei der Leitung der Operationen befähigt,
3. einer unbürokratischen Arbeitsweise,
4. einer Offenheit gegenüber technischen, ökonomischen und politischen Entwicklungen und gegenüber den geistigen Strömungen der Zeit, und
5. einer Befähigung der Unterführer, ein großes Arbeitspensum effizient zu bewältigen, auch lange Zeit mit gleichbleibender Konzentration zu arbeiten und mit großen Belastungen fertig zu werden.

Für die Führungsausbildung in der Wirtschaft gelten ähnliche Grundsätze.

Nachhaltige HR-Politik
Palfinger, Weltmarktführer bei LKW-Kränen, erleidet im Jahr 2009 Auftragseinbrüche von bis zu 60 Prozent. Hubert Palfinger, dessen Familie 65 Prozent der Anteile am börsennotierten Unternehmen hält, verlangt vom Management, möglichst viele Mitarbeiter weiter zu beschäftigen. Er verzichtet dafür für einige Zeit auf Dividenden. Palfinger hält die Mitarbeiterzahl um 20 Prozent höher als es die Auftragslage erlaubt hätte. Das Unternehmen schließt das Jahr 2009 mit einem Verlust ab. Palfinger ist für den Wiederaufschwung gerüstet. Das Unternehmen kann sofort liefern und gewinnt Marktanteile. Herbert Ortner, CEO von Palfinger: „2010 und 2011 hätten wir deutlich weniger verdient, wenn wir den Personalstand in der Krise massiv gekürzt hätten."
Palfinger ist ein Familienunternehmen. Wir würde sich der CEO eines Unternehmens verhalten, dessen mehrheitlich ausländischen Aktionäre und institutionellen Anleger von ihm die Maximierung des Unternehmenswertes verlangen?

Leadership-Ausbildung ist, wie Leadership-Consulting, erfolgsbegleitende Ausbildung oder erfolgsbegleitende Beratung. Erfolgsbegleitende Ausbildung ist ein Prozess, in dem der Ausbilder mithelfen muss, um eine messbare Steigerung des Unternehmenserfolges zu bewirken.

Der Lerntransfer im Unternehmen ist ineffizient
Unternehmen geben jedes Jahr große Summen für die Aus- und Weiterbildung ihrer Mitarbeiter aus. Nur etwa 5-10 Prozent von dem, was gelernt wird, wird am Arbeitsplatz auch genutzt ... Die meisten Unternehmen messen weder die Lerntransferrate noch die Auswirkungen der Aus- und Weiterbildungsprogramme auf die Performance am Arbeitsplatz ... Die Gründe hierfür sind:
– Die Ausbildung ist nicht auf die effektiven Bedürfnisse der Organisation ausgerichtet; die Ziele werden nicht zwischen Ausbilder und Vorgesetzten der Teilnehmer abgestimmt,
– die Vorgesetzten unterstützen nicht die Übertragung des neuen Wissens auf die Lösung spezifischer Probleme,

- die Ausbilder haben keinen Einfluss auf die Vorgesetzten der Teilnehmer,
- die Ausbilder können die Teilnehmer nur anregen, mit neuen Verfahren und Einsteillungen zu experimentieren,
- die Ausbilder haben kaum Einsicht in das Arbeitsumfeld der Teilnehmer,
- die Ausbildung wird von den Linienführungskräften als abstrakte und isolierte Tätigkeit aufgefasst.

Große Summen werden auf diese Weise verschwendet. Solange die Führungskräfte für den Lerntransfer nicht verantwortlich gemacht werden, sind Leistungsverbesserungen am Arbeitsplatz nicht zu erwarten. Auf der anderen Seite sollten die Ausbilder gezwungen werden, Programme mit Führungskräften gemeinsam zu entwickeln, die sowohl Anwendung als auch Lernen einschließen.

Quelle: R. Terry, Work places must learn how to transfer learning, in: Financial Times, December 12, 2011, S. 11

Meine Erfahrungen als Leadership-Consultant zeigen, dass die Leadership-Ausbildung ein Vorgehen in sechs Schritten verlangt (Abbildung 2.5).

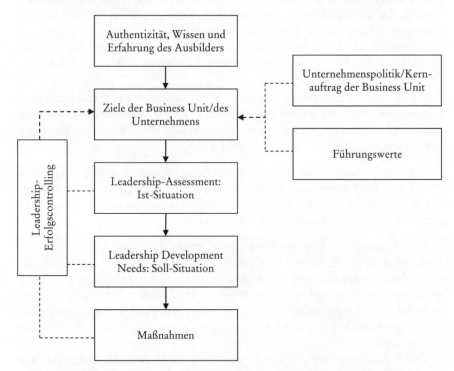

Abb. 2.5 Die sechs Schritte der erfolgsbegleitenden Leadership-Ausbildung

Authentizität, Wissen und Erfahrung des Ausbilders

Leadership-Ausbilder werden in 80 Prozent der Fälle deshalb eingesetzt, weil bestimmte Kompetenzen im Unternehmen nicht vorhanden sind. Leadership-Ausbildung gehört in der Regel nicht zur Kernkompetenz eines Unternehmens.

Leadership-Ausbildung ist, wie gezeigt wird, ein Prozess und kein befristetes Event. Wenn die Leadership-Ausbildung eine Veränderung im Führungsverhalten der Führungskräfte bewirken und Objektivität in die Probleme des Unternehmens bringen soll, dann sollte der Leadership-Ausbilder längerfristig mit dem Unternehmen zusammenarbeiten. Dies auch deshalb, weil sich die Situationen, in denen geführt wird, laufend ändern.

Die Unternehmensleitung hat nur in seltenen Fällen Zugang zu den Informationen, die sie benötigt, um die Leadership-Kompetenzen ihrer Führungskräfte zu beurteilen. Zeitmangel und organisatorische Trägheit sind häufig die Ursachen dieses Problems. Der Leadership-Ausbilder beschleunigt den Veränderungsprozess.

Die Wahl des richtigen Ausbilders ist der entscheidende Faktor für den Erfolg der erfolgsbegleitenden Leadership-Ausbildung. Die Unterschiede zwischen den Ausbildern ergeben sich in der Praxis weniger aus seinem Wissen und aus seiner Erfahrung als mehr aus seinem Charakter, d.h. ob er authentisch ist und die Werte lebt, die er predigt. Von einem guten Ausbilder muss erwartet werden, dass er:

– eng und vertrauensvoll mit der Unternehmensspitze zusammenarbeitet,
– gemeinsam mit ihr über den Dingen steht,
– alle Möglichkeiten und Risiken der Leadership-Ausbildung mit der Unternehmensspitze erwägt,
– gemeinsam mit ihr zu einer Entscheidung kommt.

Abbildung 2.6 bewährt sich nach meiner Erfahrung, um den richtigen, erfolgsbegleitenden Ausbilder zu finden.

1. Authentizität des Beraters:	Der Ausbilder...
	... lebt die Werte, die er predigt ... ist nicht glaubwürdig
	1 2 3 4 5
2. Projektdefinition:	Das Projekt wird definiert in Bezug auf...
	... die konkreten Ziele, die das Unternehmen erreichen will ... die spezifischen Erfahrungen und Methoden des Beraters
	1 2 3 4 5

Die Schließung der Lücke zwischen Leadership und Strategie. Die Leadershiplücke

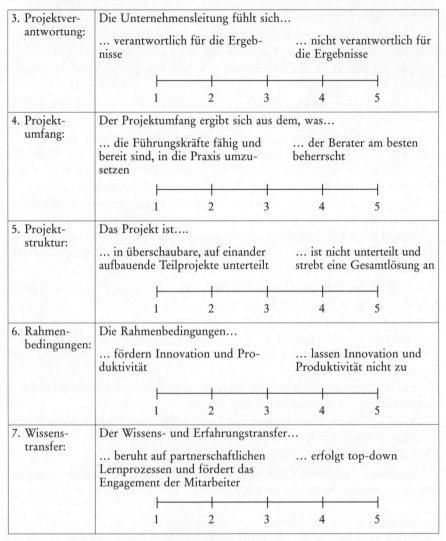

Abb. 2.6 Vorgehensweise zur Beurteilung des erfolgsbegleitenden Ausbilders. Dem, der nicht alle Fragen mit „1" oder mit „2" beantworten kann, sollte keine Leadership-Ausbildung übertragen werden.

Die Leadership-Ausbildung als Investition

Die Leadership-Ausbildung muss, wie jedes Führungskräfteentwicklungsprogramm, als Investition gesehen werden. Die Investitionskosten setzen sich zusammen aus:

- Gehalt des Teilnehmers über die Dauer der Ausbildung,
- Opportunitätskosten für das Unternehmen,

- Kosten des Ausbildungsprogrammes,
- Reise- und Aufenthaltskosten der Teilnehmer,
- u. a. m.

Diesen einfach zu ermittelnden Kosten der Ausbildung steht ein in Zukunft erwarteter Nutzen aus einer besseren Führungsleistung gegenüber, der wie folgt abgeschätzt werden kann:

T: Erwartete Dauer der Verhaltensänderung, bezogen auf ein Jahr. Wird die Dauer der Verhaltensänderung auf 2 Jahre geschätzt, ist T = 2; bei 9 Monaten ist T = 0,75.

Δ: Durchschnittliche Leistungsdifferenz zwischen einem Teilnehmer, der am Programm teilgenommen hat, und einem Teilnehmer, der nicht teilgenommen hat.

S: Standardabweichung des Jahreseinkommens eines Mitarbeiters ohne Leadership-Ausbildung. Konservative Schätzungen zeigen, dass der „Mehrwert" eines Teilnehmers für das Unternehmen etwa 40 % seines Jahreseinkommens ist.

Der Return on Leadership Development (ROLD) ist:

$$\text{ROLD} = \frac{N \times T \times \Delta \times S}{K} \, [\%]$$

wobei: N = Anzahl der Teilnehmer
K = Gesamtkosten des Programm [€]

Beispiel
N = 5
T = 1,5 Jahre = 1,5
Δ = 20 %
S = 28.000 € bei einem Jahresgehalt des Teilnehmers von 70.000 €
K = 100.000 €

$$\text{ROLD} = \frac{5 \times 1,5 \times 0,20 \times 28.000}{100.000} = 42\,\%$$

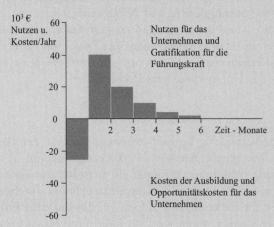

> Das Modell zeigt, wie wichtig die Auswahl der Teilnehmer für ein Führungskräfteentwicklungsprogramm ist. Je höher die Verantwortungsebene ist, je weitreichender die Auswirkungen der Entscheidungen der Führungskraft sind und je mehr diese motiviert und in der Lage ist, das Wissen anzuwenden, desto höher ist der ROLD.
>
> In Anlehnung an: B. J. Avolio, J. B. Avey u. D. Quisenberry, Estimating return on leadership development investment, in: The Leadership Quarterly 21, 2010, S. 633–644

Die Ziele der Business Unit/des Unternehmens

Die entscheidenden Fragen für die Zukunft jeden Unternehmens lauten:

- Welche Führungskräfte brauchen wir a) für kurzfristige Produktivitätssteigerungen, b) für das nachhaltige und profitable Wachstum des Unternehmens und c) für die entsprechenden Strategien?
- Wie bringen wir die richtigen Personen in die richtigen Führungspositionen?
- Woher kommen sie?
- Wie sollen sie auf ihre heutige und zukünftige Führungsverantwortung vorbereitet werden?
- Wie kommunizieren wir die Reputation unseres Unternehmens so nach außen, dass klar wird, dass die Qualität unseres Führungsteams ein Schlüsselfaktor für den zukünftigen Erfolg ist?

Zur Beantwortung dieser Fragen müssen vor Beginn der Leadership-Ausbildung die konkreten Ziele und Strategien definiert werden, die die Business Unit oder das Unternehmen verfolgen. Die Ziele ergeben sich aus der Unternehmenspolitik, dem Kernauftrag, den die Business Unit verfolgt und den Führungswerten des Unternehmens. Die Wertsteigerung ist, wie erwähnt, nicht das Ziel, sondern das Ergebnis unternehmerischen Handelns: Wenn es gelingt, die Kunden zu begeistern, ihnen einen Mehrwert zu bieten, wenn dahinter engagierte Führungskräfte und Mitarbeiter stehen, die auf eine effiziente Infrastruktur bauen können, dann steigert das Unternehmen nachhaltig seinen Wert. Befragt man Unternehmer, was Zweck und Ziel des Unternehmens seien, und erhält man zur Antwort: „Einen Gewinn zu erzielen", dann weiß man, dass das Unternehmen ein Problem hat.

Leadership-Assessment: Ist-Situation

Die Leadership-Ausbildung beginnt mit einer Analyse der Ist-Situation des Unternehmens. Die genaue Analyse der Ausgangssituation ist die Grundlage jeder Veränderung. Abbildung 2.7 zeigt ein Beispiel, wie ein Leadership-Assessment für eine Führungsposition im Unternehmen durchgeführt werden kann. Es werden die Kompetenzen aufgelistet, die von einer Führungspersönlichkeit erwartet werden, wenn sie ihrer Führungsverantwortung nachkommen soll. Die Vorgesetzten beurteilen a) die Wichtigkeit der einzelnen Kompetenzen und b), wie zufrieden sie mit den jeweiligen Leistungen der beurteilten Personen sind.

Wichtigkeit (sehr wichtig — völlig unwichtig)	Geben Sie bitte die Wichtigkeit der folgenden Kompetenzen für Ihr Unternehmen/Business Unit/Bereich an. Kreuzen Sie bitte hierzu den entsprechenden Wert links an. Markieren Sie danach auf der Skala rechts, wie zufrieden Sie mit dem entsprechenden Verhalten sind.	Zufriedenheit (sehr zufrieden — sehr unzufrieden)
1 2 3 4 5	Sieht was zu tun ist/denkt und handelt unternehmerisch	1 2 3 4 5
1 2 3 4 5	Denkt ganzheitlich/strategisch	1 2 3 4 5
1 2 3 4 5	Versteht die Kräfte und Bedingungen, die in einer gegebenen Situation eine Rolle spielen/erkennt und nutzt das Situationspotenzial	1 2 3 4 5
1 2 3 4 5	Schafft eine innovationsfreundliche Organisation/organisatorische Fähigkeiten	1 2 3 4 5
1 2 3 4 5	Beeinflusst das Verhalten anderer im positiven Sinn so, dass sie sich engagiert für die Kunden einsetzen/Teamfähigkeit	1 2 3 4 5
1 2 3 4 5	Hat den Mut, Maßnahmen zu ergreifen, die die Dinge besser machen/aktionsorientiert	1 2 3 4 5
1 2 3 4 5	Lebt die Werte, die er predigt/Authentizität	1 2 3 4 5
1 2 3 4 5	Entwickelt seine Mitarbeiter	1 2 3 4 5
1 2 3 4 5	Liefert Ergebnisse	1 2 3 4 5
1 2 3 4 5	Selbstvertrauen	1 2 3 4 5
1 2 3 4 5	Zwischenmenschliche Fähigkeiten	1 2 3 4 5
1 2 3 4 5	Kundenorientierung	1 2 3 4 5
1 2 3 4 5	Problemlösungsfähigkeiten	1 2 3 4 5
1 2 3 4 5	...	1 2 3 4 5

Abb. 2.7 Leadership-Assessment: Ist-Situation

Eine fundierte Ist-Analyse setzt voraus, dass keine Wertung enthalten ist. Aufgabe des Ausbilders ist es, sachbezogen die richtigen offenen Fragen zu stellen und die Kompetenzen zu begründen, die eine Führungskraft im Hinblick auf die Strategie haben muss. Die Unternehmensleitung muss die Wichtigkeit der einzelnen Kompetenzen bestimmen und ihre darauf bezogene Zufriedenheit mit dem Stelleninhaber zum Ausdruck bringen.

> *You've to know what you are good at*
> I ask people: „What are you good at?" It's remarkable the number of people that don't speak to the question with any degree of insight. You've got to know what you're good at, because those are the cards you bring to the party. In other words, you need a sense of who you are and where you are going in order to be a successful manager.
> Larry Bossidy, former CEO, AlliedSignal
> Könnten Sie diese Frage sofort und ohne Unsicherheit beantworten?
> Sind Sie in der Lage, Ihren „Kompetenzkreis" zu definieren?

Leadership-Development Needs: Die Soll-Situation

Für die Kompetenzen, die in Abbildung 2.7 als wichtig beurteilt werden, die von der Führungskraft jedoch nicht in zufriedenstellender Weise erfüllt werden, werden im Detail die Leadership-Development Needs bestimmt. Abbildung 2.8 zeigt beispielhaft, wie dabei vorgegangen wird.

Kompetenzen	Leistungskriterien	1: Herausragende Stärke 5: Signifikante Entwicklungsnotwendigkeit
Sieht, was zu tun ist/denkt und handelt unternehmerisch	Bringt sich initiativ in die strategischen Absichten der Unternehmensleitung ein.	1 2 3 4 5
	Setzt sich und erreicht herausfordernde Ziele.	1 2 3 4 5
	Hat den Mut und das Selbstvertrauen, für seine Werte einzustehen.	1 2 3 4 5
	Übernimmt die Verantwortung für eigene Fehler.	1 2 3 4 5
	Antizipiert die Veränderungen und sieht sie als Chance. …	1 2 3 4 5

Die Leadership-Ausbildung

Kompetenzen	Leistungskriterien	1: Herausragende Stärke 5: Signifikante Entwicklungsnotwendigkeit
Denkt ganzheitlich/ strategisch	Denkt voraus, hat das große Bild vor Augen.	1 2 3 4 5
	Hat ein Gespür, wohin der Markt geht und was die Kunden wirklich wollen.	1 2 3 4 5
	Ist ein Stratege.	1 2 3 4 5
	Setzt undvereinbart herausfordernde Ziele.	1 2 3 4 5
	Führt vor jeder strategischen Entscheidung ein Risk Assessment durch.	1 2 3 4 5
	Handlungen und Verhalten stimmen mit den Worten überein.	1 2 3 4 5
	…	
Versteht die Kräfte und Bedingungen, die in einer gegebenen Situation eine Rolle spielen/ erkennt und nutzt das Situationspotenzial	Trifft die Entscheidungen aus der Sicht der übergeordneten Entscheidungsebene.	1 2 3 4 5
	Hat Einsicht in den größeren gesellschaftlichen, umweltlichen, kompetitiven und technischen Rahmen, der Einfluss auf die Entscheidungen des Unternehmens hat.	1 2 3 4 5
	Erkennt die „tragenden Faktoren" einer Situation und lässt sich in seinen Entscheidungen von ihnen tragen.	1 2 3 4 5
	Analysiert sorgfältig die Risiken seiner Entscheidungen aus der Sicht des Gesamtunternehmens.	1 2 3 4 5
	…	
Hat den Mut, Maßnahmen zu ergreifen, die die Dinge besser machen	Ist unzufrieden mit dem „status quo".	1 2 3 4 5
	Hat keine Angst, dass seine Vorschläge nicht angenommen werden.	1 2 3 4 5
	Nutzt Schnelligkeit als Wettbewerbsvorteil.	1 2 3 4 5
	Bringt Fakten und rationale Argumente ein, um andere zu überzeugen.	1 2 3 4 5
	Ermutigt Mitarbeiter und Teams, unternehmerisch zu handeln und kalkulierte Risiken einzugehen.	1 2 3 4 5
	…	

Abb. 2.8 Leadership-Development Needs (Beispiel)

Maßnahmen

Der Erfolg der Leadership-Ausbildung misst sich daran, in welchem Ausmaß:
a) eine gemeinsame Grundanschauung über die Strategie des Unternehmens geschaffen wird,
b) gegenseitiges Vertrauen zwischen Vorgesetzten und Mitarbeitern etabliert wird,
c) Mitverantwortungsbewusstsein auf allen Verantwortungsebenen entsteht,
d) das Selbstvertrauen der Führungskräfte und Mitarbeiter gestärkt wird, mit unvorhersehbaren und unerwarteten Situationen im Sinn der Strategien umzugehen,
e) die entsprechenden Kompetenzen entwickelt werden.

Der Ausbilder hat die Aufgabe, die Maßnahmen vorzuschlagen, die notwendig sind, um die Leadership-Development Needs abzudecken. Der Grundsatz, an dem sich alle Maßnahmen auszurichten haben, lautet: Die Entwicklung der Mitarbeiter ist eine Kernverantwortung eines jeden Vorgesetzten im Unternehmen. Die Unternehmensleitung muss jeden Vorgesetzten verantwortlich dafür machen, wie er seine Mitarbeiter einsetzt und entwickelt. Jeder Vorgesetzte ist dafür in gleicher Weise verantwortlich wie er für die Erreichung finanzieller Ziele verantwortlich ist.

Maßnahmenprogramme beinhalten:

Ausbildung:
- Programme für strategische Positionen/für Projekte
- Programme für die Entwicklung spezifischer Kompetenzen
- ...

Entwicklung:
- Individuelle Entwicklungsprogramme
- Organisationale Entwicklungsprogramme
- Programme zur Identifizierung von Talenten
- Mentoring-Programme
- ...

Inventarisierung von Talenten:
- „Das Unternehmen besitzt Talente, die Business Units leihen sie sich aus"
- Beurteilung der Beförderungsfähigkeit von Führungskräften
- Expertennetzwerke
- Top Management Scanning
- ...

Führungskräfte-Beurteilung:
- Leistung, Ziele, Werte, Kompetenzen
- Beförderungsfähigkeit
- Trennung von Underperformern
- ....

Die Leadership-Ausbildung

Die Abbildungen 2.9a) und 2.9b) zeigt die beiden Dimensionen des Veränderungsprozesses: Der individuelle Veränderungsprozess muss mit dem organisationalen Veränderungsprozess Hand in Hand gehen, wenn die Leadership-Ausbildung zum nachhaltigen Erfolg führen soll.

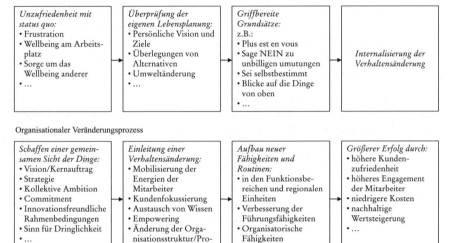

Abb. 2.9a) Die beiden Dimensionen der Veränderungsprozesse

Empirische Untersuchungen zeigen, dass es nur etwa 10 bis 15 Prozent aller Führungskräfte gelingt, organisationalen Erfolg mit persönlichem Erfolg zu verbinden. 50–60 Prozent der Führungskräfte suchen nur den persönlichen Erfolg.[9] Eine gute Führung hat dem mit entsprechenden Maßnahmen vorzubeugen.

	(-)	(+)	
(+)	Persönliche, opportunistische Entwicklung	Soll-Zustand: Führen mit strategischer Teilhabe	
(-)	Verschwendung von Zeit und Ressourcen	Kurzfristiger, organisationaler Erfolg	

Individueller Veränderungsprozess / Organisationaler Veränderungsprozess

Abb. 2.9b) Die beiden Dimensionen der Veränderungsprozesse

---

[9] Siehe dazu ausführlich mein Buch: Die 5 Gebote für exzellente Führung, a. a. O., S. 113–114.

Das Erfolgscontrolling

Grundlage der Erfolgsmessung sind einmal die Einhaltung des Zeit- und Kostenplans, zum andern der Beitrag der Leadership-Ausbildung zur Wertsteigerung des Unternehmens. Ersteres ist einfach, letzteres schwierig, weil der Erfolg der Leadership-Ausbildung nicht nur von den Kompetenzen und Einstellungen der Führungskräfte abhängt, sondern auch und vor allem von der Situation, in der gehandelt wird. Der Leadership-Ausbilder kann Führungskräfte nicht intelligenter oder kreativer machen; er kann jedoch Führungskräfte inspirieren und Anregungen geben, wie sie ihre analytischen, unternehmerischen und sozialen Kompetenzen wirksamer einsetzen.

Meine Erfahrungen bestätigen, dass ein Programm zur Entwicklung von Leadership ein befriedigendes Effektivitätsniveau aufweist, wenn die folgenden Ergebnisse erzielt werden (Abbildung 2.10):

a) Bei 10 %–20 % der Teilnehmer ein besseres Verständnis für das Führen mit strategischer Teilhabe, aber noch keine Verhaltensänderung.
b) Bei 30 %–40 % der Teilnehmer ein vertieftes Wissen über Leadership und das Führen mit strategischer Teilhabe.
c) Bei 30 % der Teilnehmer eine kritische Reflexion ihres Führungsverhaltens, graduelle Verhaltensänderungen.
d) Signifikante Verhaltensänderungen bei 20 % der Teilnehmer.

Dies setzt voraus, dass die Leadership-Ausbildung nicht als einmaliges Ereignis, sondern, wie eingangs dargestellt, als *Prozess* verstanden wird. Wird die Leadership-Ausbildung als einmaliges Ereignis von den Teilnehmern verstanden, hängt die Qualität der Vorbereitung auf das Programm in der Regel von der Länge der Anreisezeit zum Veranstaltungsort ab. Die Teilnehmer freuen sich in der Regel über das Programm, beurteilen es gut und kehren an ihren Arbeitsplatz zum „business as usual" zurück.

Wird die Leadership-Ausbildung jedoch als Prozess aufgefasst, der die Führungskräfte zur Führung mit strategischer Teilhabe befähigt, dann wird erwartet, dass sich jeder Teilnehmer vor Beginn des Programmes mit den Personen im Unternehmen trifft, die in das Problem involviert sind – der Vorgesetzte, Mitarbeiter, Führungskräfte auf derselben Verantwortungsebene, Kunden. Der Teilnehmer trifft auf den Leadership-Ausbilder mit konkreten Vorstellungen über die Themen, die einer Lösung zugeführt werden müssen, über die Fragen, die auf eine Beantwortung warten und dergleichen mehr.

Die Leadership-Ausbildung als Prozess setzt weiters voraus, dass das, was man gelernt hat, im Unternehmen auch weitergegeben wird. Ein Grund mehr, die Leadership-Ausbildung ernst zu nehmen.

Versteht man die Leadership-Ausbildung als Prozess, lassen sich die Ergebnisse nicht im vorhinein bestimmen. Die spezifischen Kompetenzen und Themen, die die Führungskräfte einbringen, ändern sich in der Interaktion mit dem Leadership-Ausbilder und den anderen involvierten Führungskräften.

Die Leadership-Ausbildung muss deshalb genügend Zeit für kritische Reflexion, für Diskussionen, für das wechselseitige Lernen, für das Erschließen von neuen Möglichkeiten, für kreatives Problemlösen, für Aktionspläne und für die Umsetzung der neuen Ideen offen lassen.

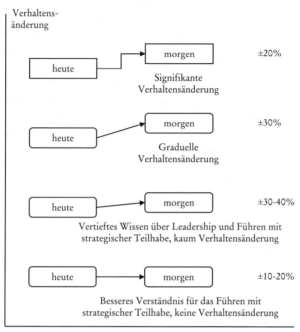

Abb. 2.10 Erfahrungswerte für den Erfolg der Leadership-Ausbildung

2.5 Das Ziel der Leadership-Ausbildung: Selbsttätigkeit, Selbstvertrauen und Eigeninitiative der Führungskräfte zu stärken

Da niemand die Zukunft vorhersagen kann und mit Sicherheit nur feststeht, dass sie anders als die Gegenwart sein wird, müssen Unternehmer und Führungskräfte wie die von ihnen geleiteten Organisationen fähig sein, ständig zu lernen. Während Wissen und Können, als äußerliche Betätigungen, sich relativ leicht vermitteln lassen, erscheint dies bei der Vermittlung des „Lernenlernens" viel schwieriger. Unternehmer und Führungskräfte müssen selbst, als Lernende, ein Beispiel geben und unmittelbar auf das „Sein" ihrer Mitarbeiter einwirken.[10]

---

[10] Die Ausführungen sind meinem Buch: Strategische Unternehmungsführung, Band II, a. a. O., S. 13–15, entnommen.

Was ist ein „lernender Unternehmer" oder eine „lernende Führungskraft"? Wie verändert sich seine Rolle im Unternehmen? Die Antwort auf diese Fragen ist der Schlüssel zur Führung mit strategischer Teilhabe.

Das geforderte „Lernenlernen" ist nicht an bestimmte Inhalte gebunden, wohl aber an diszipliniertes Fragen, Argumentieren und Urteilen. Wer gezielte Fragen stellen kann, weiß um sein Nichtwissen. Unternehmer und Führungskräfte, die ihr eigenes Nichtwissen oder die Unfähigkeit akzeptieren, für alle Probleme eine Antwort bereit zu haben, und die dies auch zugeben, laden die Mitarbeiter zur *geistigen Zusammenarbeit* ein. In einer komplexen und turbulenten Welt gibt es nicht eine einzige Quelle der Wahrheit. Wer mit den Mitarbeitern argumentieren und ihnen einen Ausschnitt aus den eigenen strategischen Absichten und Gedankengängen geben kann, fordert sie gleichsam zur geistigen Mitarbeit und Mitverantwortung bei der Umsetzung auf. Die in richtigen Grenzen sich entfaltende Selbsttätigkeit und unternehmerische Initiative der Mitarbeiter sind die Grundlagen für die Zufriedenstellung der Kunden und der anderen Stakeholder.

Daher die Bedeutung dessen, was man *ein Beispiel geben* nennt. Unternehmer und Führungskräfte müssen ihren Mitarbeitern die Fähigkeit des „Lernenlernens" vorleben; dabei kommt es nicht nur auf das Nachweis- und Sichtbare, sondern auch auf all das an, was ganz unabsichtlich, vom Willen unabhängig, oft unbewusst, auf den anderen wirkt. Zum Beispiel-Geben gibt es deshalb nur einen Weg: den des persönlichen Umgangs mit den Mitarbeitern, aber auch mit den Kunden, Lieferanten und Partnern in strategischen Netzwerken. Jeder Unternehmer und jede Führungskraft verkörpern – so wie jeder Mensch – ganz bestimmte Grenzen. Niemand darf glauben, dass er von seinem Standpunkt aus alle Probleme lösen kann. Wer jedoch ein Lernender ist, der wächst über seine gegenwärtigen Fähigkeiten hinaus. Denn jeder Fehler und jede Enttäuschung können zu neuen Fähigkeiten führen, vorausgesetzt, dass man aus den Fehlern lernt. Lernen erhöht deshalb die Leistungsfähigkeit in der Zukunft und kann auch bewirken, dass neue Möglichkeiten entdeckt und die unternehmerischen Veränderungsprozesse so gestaltet werden können, dass zusätzliche Werte für die Kunden und für die übrigen Stakeholder geschaffen werden. Ein Leben, das auf ständigem Lernen beruht, ist nicht nur schöpferisch und vital, es ist auch voller Freude.

Führen mit strategischer Teilhabe ist eine Konzeption von großer Komplexität; sie hält Beziehungen zwischen Führungskräften und Mitarbeitern offen, in einer Atmosphäre gegenseitigen Vertrauens und im Rahmen eingeräumter und genutzter Handlungsfreiheit. Sie beruht auf der Delegation von Aufgaben, Befugnissen und Verantwortung, auf Mut zum Risiko, auf Entscheidungs- und Verantwortungsfreudigkeit, auf der Bereitschaft zur Korrektur eigener Fehler und auf dem Einstehen für Fehler der Mitarbeiter. Das Führen mit strategischer Teilhabe würde in Chaos enden, wenn Unternehmer, Führungskräfte und Mitarbeiter nicht vorzüglich ausgebildet und lernfähig sind.

Die Führungstätigkeit bewegt sich in den richtigen Bahnen, wenn die Mitarbeiter fühlen, dass sich die Führungskräfte unausgesetzt bemühen:
- mit ihnen die Früchte ihres Nachdenkens über die Entwicklung des Unternehmens oder über neu auftretende Probleme und Möglichkeiten zu teilen,
- sie von jedem Schema frei und für strategisches Verständnis reif zu machen,
- hohe Anforderungen an ihr Leistungspotential zu stellen,
- dabei aber keine Nörgler und Kleinigkeitskrämer, sondern anregende Vorgesetzte sind.

N. R. Narayana Murthy, CEO von Infosys, vertritt die 30/30-Regel: 30 Prozent der Teilnehmer an jeder Strategiediskussion sollten jünger als 30 Jahre sein.

Führung mit strategischer Teilhabe heißt:
- nicht zu oft, aber doch oft genug bei den Mitarbeitern zu erscheinen, um stets über alles Wichtige genau und pro-aktiv informiert zu sein,
- stets das Große und Ganze des Unternehmens im Auge zu behalten, ohne dabei die Einzelheiten zu vernachlässigen oder zu missachten,
- Innovationen fördern,
- den Widerstand gegenüber neuen Ideen überwinden, den Gewohnheiten, Routine und die oft zum Eigensinn gewordene Selbständigkeit der Mitarbeiter pflegen,
- Anregungen geben, Begeisterung und neuen unternehmerischen Schwung in das Unternehmen hinein bringen,
- Ausschnitte aus den eigenen strategischen Absichten und Überlegungen mit den Mitarbeitern diskutieren,
- aktiv zuhören und gemeinsam eine Vision oder einen Kernauftrag entwickeln,
- die Lernfähigkeit des Unternehmens laufend verbessern.

Die Mitarbeiter haben in der Regel ein feines Gefühl dafür, von wem Anregungen ausgehen und stellen diesen ganz von selbst auf eine hohe Stufe.

Eine weitere Eigenschaft erleichtert Führungskräften ihre Aufgaben – Humor. Die Mitarbeiter empfinden Führung umso dankbarer und erfrischender, je öfter die Führungskräfte ein freundliches Gesicht und ein freundliches Wort haben und jede Neigung zur Heiterkeit begünstigen. Mit dem Humor hängt eine wichtige Gabe zusammen – die der Begeisterung. Diese ist heute umso notwendiger als viele Mitarbeiter innerlich gekündigt haben.

Optimismus ist schließlich ein entscheidender Faktor. Der Hauptvorteil einer optimistischen Grundeinstellung ist, so Daniel Kahneman, die Resilienz, das Durchhaltevermögen angesichts von Rückschlägen und Widerständen.

Der Erfolg eines Unternehmens ist die Summe einer Vielzahl von selbständigen unternehmerischen Handlungen der Führungskräfte und Mitarbeiter in allen Bereichen. Die Summe dieser selbständigen Handlungen kann man etwa mit dem vereinten Bemühen der Künstler, Handwerker und Baumeister vergleichen, die im Mittelalter die Kathedralen und Moscheen erbaut und ausgestaltet haben.

2.6 Zusammenfassung

Viele Unternehmen verfügen kurzfristig nicht über die Führungskräfte, die für die Entwicklung und Umsetzung ihrer Strategien notwendig sind. Die Ausführungen gehen davon aus, dass der Mensch wichtiger als die Strategie ist. Die Hauptergebnisse sind:

1. Mit Hilfe der Leadership-Matrix lässt sich die Lücke zwischen Leadership und Strategie erkennen und schließen. Der springende Punkt ist, Führungskräfte auf der Basis von zwei Kriterien zu beurteilen: Erreichen der Ziele und Leben der Führungswerte.
2. Die Strategie ist die gemeinsame Logik des Handelns der Führungskräfte.
3. Die Leadership-Ausbildung ist die Grundlage für das Führen mit strategischer Teilhabe. Ein Modell der Leadership-Ausbildung wird vorgestellt.
4. Jeder kann sein Führungsverhalten verbessern; zu beachten ist, dass mehr als 50 Prozent der Führungskräfte persönlichen Erfolg und ihre Karriere vor organisationalen Erfolg stellen.
5. Ziel der Leadership-Ausbildung ist, Selbsttätigkeit, Selbstvertrauen und Eigeninitiative der Führungskräfte zu stärken.
6. Führen mit strategischer Teilhabe heißt, das Große und Ganze des Unternehmens im Auge behalten, die Zukunft des Unternehmens mit den Führungskräften diskutieren und sie in die strategischen Entscheidungen einbinden.

Anhang: GE Leadership Effectiveness Survey

Kompetenzen	Leistungskriterien	Beurteilung
		Trifft zu ――― Trifft nicht zu
Vision/ Kernauftrag	• Hat einen klaren, einfachen kundenfokussierten Kernauftrag entwickelt und kommuniziert.	1 – 2 – 3 – 4 – 5
	• Gibt eine Richtung vor, die Sinn macht	1 – 2 – 3 – 4 – 5
	• Denkt zukunftsorientiert, erweitert den Horizont, fordert kreative Vorstellungen heraus.	1 – 2 – 3 – 4 – 5
	• Anregend, begeistert andere für den Kernauftrag, spricht die Herzen an, führt durch Vorbild.	1 – 2 – 3 – 4 – 5
	• Passt den Kernauftrag, wenn notwendig, den Veränderungen an, die seinen Verantwortungsbereich betreffen.	1 – 2 – 3 – 4 – 5
Kunden- und Qualitätsorientiertung	• Hört auf die Kunden, gibt der Zufriedenheit der Kunden, auch der internen Kunden, höchste Priorität.	1 – 2 – 3 – 4 – 5
	• Regt andere an und zeigt selbst Begeisterung für Exzellenz in jedem Aspekt der Arbeit.	1 – 2 – 3 – 4 – 5
	• Setzt sich voll für Spitzenqualität im Produkt- und Dienstleistungsangebot ein.	1 – 2 – 3 – 4 – 5
	• Lebt Dienst am Kunden vor und schafft eine serviceorientierte Einstellung in der Organisation.	1 – 2 – 3 – 4 – 5
Integrität	• Geht in Bezug auf Ehrlichkeit und Wahrheit in seinem Verhalten keine Kompromisse ein.	1 – 2 – 3 – 4 – 5
	• Hält seine Verpflichtungen ein, übernimmt die Verantwortung für eigene Fehler.	1 – 2 – 3 – 4 – 5
	• Hält sich rigoros an die *policies* und an den Ethik-Kodex des Unternehmens.	1 – 2 – 3 – 4 – 5
	• Handlungen und Verhalten stimmen mit den Worten überein. Er hat das Vertrauen der anderen.	1 – 2 – 3 – 4 – 5

Kompetenzen	Leistungskriterien	Beurteilung	
		Trifft zu	Trifft nicht zu
Verantwortung/ Einsatz	• Setzt sich aggressive Leistungsstandards und hält sie ein, um die Ziele der Organisation zu erreichen.	1 2 3 4 5	
	• Zeigt Mut und Selbstvertrauen, steht für seine Überzeugungen, Ideen und für seine Mitarbeiter ein.	1 2 3 4 5	
	• Fair und mitfühlend, doch bereit, schwierige Entscheidungen zu treffen.	1 2 3 4 5	
	• Übernimmt kompromisslos Verantwortung für die Erhaltung der Umwelt.	1 2 3 4 5	
Kommunikation/Einfluss	• Kommuniziert offen, ehrlich, klar, vollständig und konsistent; erwartet klare Antworten.	1 2 3 4 5	
	• Hört aktiv zu, ist offen für neue Ideen.	1 2 3 4 5	
	• Bezieht sich auf Fakten und rationale Argumente, um anzuregen und um zu überzeugen.	1 2 3 4 5	
	• Bricht Barrieren auf und entwickelt tragfähige Beziehungen zwischen Teams, Funktionsbereichen und Verantwortungsebenen.	1 2 3 4 5	
Einbindung der Mitarbeiter/ Bereichsübergreifendes Denken	• Hat genügend Selbstvertrauen, um Informationen bereichsübergreifend zu teilen, ist offen für neue Ideen.	1 2 3 4 5	
	• Ermutigt und fördert eine gemeinsame Einstellung in Bezug auf Kernauftrag und Ziele.	1 2 3 4 5	
	• Vertraut den anderen; ermutigt das Eingehen von Risiken und bereichsübergreifendes Verhalten.	1 2 3 4 5	
	• Setzt sich sichtbar als Champion für Work-Out-Prozesse ein. Ist offen für Ideen, woher immer sie kommen.	1 2 3 4 5	

Kompetenzen	Leistungskriterien	Beurteilung
		Trifft zu Trifft nicht zu
Team Builder/ Empowerment	• Wählt Talente aus, ist Mentor, gibt Feedback, um Teammitglieder so zu entwickeln, dass sie ihr höchstes Potenzial entfalten können.	1 — 2 — 3 — 4 — 5
	• Delegiert ganze Aufgabenbereiche; ermächtigt Teams, ihre Wirkung zu maximieren. Ist ein Team-Player.	1 — 2 — 3 — 4 — 5
	• Erkennt Leistungen an und belohnt sie. Schafft ein positives und angenehmes Arbeitsumfeld.	1 — 2 — 3 — 4 — 5
	• Nutzt Unterschiede in Kultur, Rasse und Geschlecht der Teammitglieder für den Erfolg der Organisation.	1 — 2 — 3 — 4 — 5
Wissen/ Expertise/ Intelligenz	• Hat und teilt gerne sein funktionsbezogenes und technisches Wissen sowie seine Expertise mit anderen. Ist stets interessiert zu lernen.	1 — 2 — 3 — 4 — 5
	• Hat ein breites und fundiertes Wissen über seinen Geschäftsbereich; hat eine bereichsübergreifende Sicht und ein multikulturelles Verständnis.	1 — 2 — 3 — 4 — 5
	• Trifft gute Entscheidungen mit begrenzten Informationen. Setzt seine Intelligenz ganz ein.	1 — 2 — 3 — 4 — 5
	• Trennt schnell relevante von nicht relevanten Informationen; erfasst das Wesen komplexer Zusammenhänge und handelt entsprechend.	1 — 2 — 3 — 4 — 5
Initiative/ Schnelligkeit	• Leitet dauerhafte und positive Veränderungen ein. Sieht den Wandel als günstige Gelegenheit.	1 — 2 — 3 — 4 — 5
	• Antizipiert Probleme und Möglichkeiten. Geht neue und bessere Wege, damit umzugehen.	1 — 2 — 3 — 4 — 5
	• Hasst, vermeidet und eliminiert „Bürokratie". Strebt nach Kürze, Einfachheit und Klarheit.	1 — 2 — 3 — 4 — 5
	• Versteht und nutzt Schnelligkeit als Wettbewerbsvorteil.	1 — 2 — 3 — 4 — 5

Die Schließung der Lücke zwischen Leadership und Strategie. Die Leadershiplücke

Kompetenzen	Leistungskriterien	Beurteilung Trifft zu — Trifft nicht zu
Planetarisches Denken	• Zeigt ein globales Bewusstsein und Einführungsvermögen. Tut sich leicht, Teams mit Mitgliedern aus unterschiedlichen Kulturen und Kontinenten einzurichten.	1 2 3 4 5
	• Schätzt und fördert die volle Nutzung der Verschiedenheit der Mitarbeiter aus unterschiedlichen Ländern.	1 2 3 4 5
	• Berücksichtigt die weltweiten Auswirkungen seiner Entscheidungen. Sucht pro-aktiv ein weltweites Wissen.	1 2 3 4 5
	• Behandelt jeden mit Würde, Vertrauen und Respekt.	1 2 3 4 5

Quelle: GE Leadership Effectiveness Survey (zitiert in und modifiziert nach Ulrich/Zenger/Smallwood, 1999, S. 24–26, Übersetzung durch den Verfasser)

3. Die Schließung der Lücke zwischen Strategie und Aktionsplänen. Die Planungslücke

> *„Wie kann man ein Buch über Strategie schreiben?*
> *Darüber lässt sich überhaupt nichts schreiben. Die Strategie*
> *ist nichts weiter als die Anwendung des gesunden*
> *Menschenverstandes, und der lässt sich nicht lehren."*
> Helmuth von Moltke

Die Neuorientierung eines Unternehmens
Ein süddeutsches Medizintechnik-Unternehmen braucht eine neue strategische Ausrichtung. Eine Reihe wichtiger Patente läuft in den nächsten drei Jahren aus, die Pipeline mit neuen Produkten ist für profitables Wachstum schlecht gefüllt. Der Geschäftsführer und Eigentümer, ein innovativer Querdenker und hemdsärmeliger Unternehmer, der fast täglich die Werke an den beiden Standorten besucht, erkennt die zunehmende Unsicherheit und Frustration, die unter den Abteilungsleitern herrscht. Es sind, so seine Erkenntnis, nicht nur die ungenügende Führungseffektivität seiner leitenden Mitarbeiter, sondern wohl auch eigene Führungsschwächen schuld an der abnehmenden Innovationskraft seines Unternehmens. Es wird ihm aber auch klar, dass die Hauptgründe für die kritische Situation seines Unternehmens die mangelnde Zusammenarbeit auf einander nicht abgestimmte Aktionspläne in den Bereichen Forschung und Entwicklung, Marketing, Produktion sowie Vertrieb, Service und Wartung sind. Die leitenden Mitarbeiter lassen durchblicken, dass dem Unternehmen sowohl eine klare Strategie wie auch die notwendige Struktur und operative Flexibilität fehlen, die eine Zusammenarbeit erschweren. Nur eine Änderung im Führungsverhalten, so das Ergebnis einer dramatischen Sitzung, von oben nach unten, vor allem aber eine klare strategische Ausrichtung, an der sich die Aktionspläne orientieren, können das nachhaltige Überleben des Unternehmens sichern. Es müsse jedem leitenden Mitarbeiter die Strategie, zu der er in seinem Bereich einen Beitrag leistet, klar sein, damit er einen Aktionsplan ausarbeiten kann, der die Energien der Mitarbeiter mobilisiert und auf das Wohl der Kunden, der Mitarbeiter und des Unternehmens ausgerichtet ist. Wenn der Leiter der F&E-Abteilung A und der Leiter der Marketing-Abteilung B zwischen einer Aktionslinie 1 und einer Aktionslinie 2 wählen können, muss die Strategie sicherstellen, dass, wenn A die Linie 1 wählt, auch B sich für die Linie 1 entscheidet oder zumindest weiß, dass A sich auf der Linie 1 und nicht auf der Linie 2 bewegt.

Die Schließung der Lücke zwischen Strategie und Aktionsplänen. Die Planungslücke

Je rascher und tiefreichender die Veränderungen sind, desto weniger lässt sich ein Unternehmen mit dem Top-down-Ansatz, mit Anordnungen und Kontrollen von oben und ausführenden Befehlsempfängern unten, führen.[1] Mit Anordnung und Kontrolle lässt sich kein Unternehmen erfolgreich in die Zukunft steuern.

Diese Art der Führung ist durch die Schnelligkeit und Unvorhersehbarkeit des Wandels überholt. Unternehmen müssen offen und flexibel sein, zukünftige Entwicklungen vorwegnehmen, neue Möglichkeiten rechtzeitig erkennen und nutzen, Probleme kreativ lösen und schlecht kalkulierte Risiken abwenden. Innovation, Produktivität und Anpassung lassen sich nicht in einem Top-down-Ansatz erzwingen, sie können nur ermutigt und in einer innovationsorientierten Unternehmenskultur angeregt und gefördert werden, und zwar dadurch, dass die Unternehmensleitung den Führungskräften Einsicht in ihre strategischen Absichten gibt; die Führungskräfte sind dann in der Lage, ihren Mitarbeitern die Ausschnitte aus den strategischen Absichten zu geben, die sie für die Ausarbeitung und Umsetzung der entsprechenden Aktionspläne benötigen.

3.1 Führen mit strategischer Teilhabe

Je größer ein Unternehmen oder eine Strategische Geschäftseinheit sind und je globaler die Wettbewerbsarena ist, desto schwieriger werden Planung und Umsetzung aller Einzelheiten durch den Unternehmer oder Leiter der Strategischen Geschäftseinheit, umso mehr tritt auch der unmittelbare Einfluss der Führenden zurück. Napoleon hat einmal gesagt, er habe niemals einen Feldzugsplan gehabt. In der Tat trat er oft in eine Schlacht ein ohne einen bestimmten Plan, ohne auch nur eine genauere Vorstellung von der Position und den Absichten des Gegners. „Man engagiert sich", sagt er, „und sieht dann, was zu tun ist". Natürlich hatte er bei dem Aufmarsch der Truppen eine sehr bestimmte Idee und erwog mit Sorgsamkeit die Möglichkeiten, die sich daraus ergaben, ohne sich aber für diese oder jene im Voraus zu entscheiden. Napoleon betrachtete seine Generäle nur als Vollzieher seines Willens und räumte ihnen kein selbständiges, initiatives Handeln ein. Er überschaute persönlich das ganze Schlachtfeld und griff an jedem Ort persönlich sein. Die Kriegsschauplätze wurden aber immer größer und zahlreicher, so dass er nicht auf allen persönlich eingreifen und dort sein konnte, wo es zu siegen galt. Napoleon scheiterte an seiner Methode der direkten Führung; sein übergroßes Selbstvertrauen, d. h. seine Vermessenheit, führte schließlich seinen Sturz herbei.

---

[1] Siehe J. Hope u. S. Player, Beyond Performance Management, Boston 2012, Einleitung.

> *Unserem Willen begegnet sehr bald der unabhängige Wille des Gegners*
> „Kein Operationsplan reicht mit einiger Sicherheit über das erste Zusammentreffen mit der feindlichen Hauptmacht hinaus … Gewiss wird der Feldherr seine großen Ziele stetig im Auge behalten, unbeirrt darin durch die Wechselfälle der Begebenheiten, aber die Wege, auf welchen er sie zu erreichen hofft, lassen sich auf weit hinaus nie mit Sicherheit feststellen."
> *Helmuth von Moltke*

Moltke[2] erkannte als erster die Grenzen von zentraler Führung, von Regeln und Systemen. Diese helfen in einer unsicheren Umwelt nicht weiter. Auf ihn geht die systematische Erziehung der Unterführer zu Eigeninitiative im Rahmen von Strategien zurück, deren Sinn und Zweck ihnen vermittelt wurde. Von seinen Unterführern erwartete er, dass sie seine strategischen Absichten erkannten, richtig interpretierten und in der Lage waren, selbständig, intelligent und ohne höhere Befehle abzuwarten, so zu handeln, wie die wechselnden Verhältnisse es erforderten.

Die zentrale Führung – die direkte Methode – ist vom Misstrauen gegenüber den Mitarbeitern und Zuständigen geprägt; sie zeigt aber auch, dass Unternehmer und Führungskräfte, die einen bedeutenden Teil ihrer Zeit mit Aktionsplänen und operativen Entscheidungen verbringen, keine Strategen, sondern Taktiker mit Leitungsbefugnis sind.

> *Führen mit strategischer Teilhabe*
> Gib deinen Führungskräften einen Ausschnitt aus deinen strategischen Absichten und Gedankengängen, erkläre den Sinn und das Ziel deiner strategischen Absichten, fordere sie zur kreativen Mitarbeit und Weiterentwicklung der Ziele und Strategien auf, und überlasse es ihnen, mit den verfügbaren Ressourcen die Aktionspläne auszuarbeiten und umsetzen zu lassen, mit denen die angestrebten Ziele unter den sich ändernden Wettbewerbsbedingungen erreicht werden können.

Erfolge werden erzielt, wenn die Fähigkeit und Autorität der Führungskräfte gestärkt wird, aus eigener Initiative zu handeln. Dieser Führungsgrundsatz geht auf Helmuth von Moltke zurück, der ihn theoretisch untermauert und in seinen Feldzügen mit Erfolg umgesetzt hat; er nannte diesen Grundsatz „Führen mit Direktiven". Direktiven sind nach Moltke allgemeine Weisungen, nach denen die Unterführer freihandeln können. „Direktiven sind Mitteilungen der oberen an die untere Stelle, in denen nicht bestimmte Befehle für deren augenblickliches Verhalten erteilt, als vielmehr nur leitende Gedanken aufgestellt werden. Letztere dienen dann als Richtschnur bei den übrigen selbständig

---

[2] Zur Militärstrategie und zum Nutzen, den Unternehmer und Führungskräfte aus deren Lehren ziehen können, siehe mein Buch: Leadership, a. a. O., S. 102 ff.; siehe auch St. Bungay, The Art of Action, a. a. O., S. 54 ff.

zu fassenden Entschlüssen." Durch die Methode der Führung mit Direktiven, aus der später die Auftragstaktik entstand, war die preußische Armee in ihrer Struktur und Befehlsführung nicht nur fortschrittlicher als alle Armeen ihrer Zeit; sie war auch fortschrittlicher als viele Unternehmen unserer Zeit.

> *Die Grenzen der Strategie-Planung*
> Die traditionelle Strategie-Planung geht von der Analyse der Umwelt („Marktattraktivität") aus und richtet die Ressourcen des Unternehmens („Wettbewerbsvorteile") an der Nutzung der Marktmöglichkeiten aus. Diese Vorgehensweise bewährt sich in einem Umfeld, in dem Märkte vorhersehbar und die entsprechenden Pläne umsetzbar sind. In einer dynamischen, volatilen und schwer interpretierbaren Welt sind die Pläne häufig bereits in dem Zeitpunkt überholt, in dem sie verabschiedet werden. Die für die Formulierung der Pläne aufgewandte Zeit ist dann verschwendet, die Umsetzung der Pläne sinnlos.
> Was heute zählt, ist die Fähigkeit, den Wandel vorwegzunehmen und das Unternehmen oder die Strategische Geschäftseinheit rasch neuen Möglichkeiten und Herausforderungen anzupassen. Die alte Geschichte von den beiden Männern, die vom Bär verfolgt werden, zeigt dies: Der eine sagt zum anderen: „Wir können nicht schneller als der Bär laufen!" Der andere antwortet: „Ich versuche nicht, schneller als der Bär zu sein; ich versuche, schneller als du zu laufen."
> Diese Strategie funktioniert, wenn wir es nur mit einem „Bären" zu tun haben und wenn wir sicher sein können, schneller als der Konkurrent zu sein. Sie funktioniert nicht, wenn wir uns nicht umsehen, welche Konkurrenten aus welchen Bereichen und Regionen der Welt unsere Pläne und Aktionen obsolet machen könnten. Wenn sich die Marktbedingungen rasch ändern, laufen wir nicht von einem Bären davon, wir laufen über eine schmelzende Eisdecke, auf der sich eine ganze Reihe hungriger Tiere tummelt. Es genügt dann nicht, eine Route zu planen und zu laufen; wir müssen wachsam sein und unverzüglich so antworten, wie sich die Dinge um uns herum ändern.
> Quelle: D. Ulrich, St. Kerr u. R. Ashkenas, The GE Work-Out: How to Implement GE's Revolutionary Method for Busting Bureaucracy and Attacking Organizational Problems – Fast!, New York 2002, S. 266–267

Führen mit Direktiven verbindet Disziplin und Handlungsfreiheit der Führungskräfte. Dieser Ansatz ist zeitgemäßer dann je; Gary Hamel schreibt: „Whatever the rhetoric to the contrary, control is the principal preoccupation of most managers and management systems".[3] Tony Hayward, der frühere, unglücklich agierende CEO von BP, sagte: „We have a leadership style that is too directive and doesn't listen sufficiently well. The top of the organization

---

[3] G. Hamel, What Matters Now. How to Win a World of Relentless Change, Ferocious Competition, and Unstoppable Innovation, San Francisco 2012, S. IX.

doesn't listen to what the bottom is saying". Dies trifft für viele Unternehmen zu. Ich bezeichne diese Verbindung von Leitung und Gewährenlassen, von Strategie und Einbindung der Führungskräfte und Mitarbeiter als Führen mit strategischer Teilhabe.

Von dieser wirksamen Verbindung von Leitung und Gewährenlassen gewinnt die Unternehmensleitung die Überzeugung, dass die von ihr verabschiedeten Strategien in entsprechenden Aktionsplänen ihren Niederschlag finden und in wirksamen Maßnahmen umgesetzt werden, um die angestrebten Ergebnisse zu erzielen. Sie kann Aufgaben stellen, deren Erfüllung auf jeden Fall in die richtige Richtung geht, mag sie auch unter Umständen nicht ganz das treffen, was sie sich gedacht hat. Persönlich fühlt sie sich durch das Führen mit strategischer Teilhabe auch immer imstande, nötigenfalls durch unmittelbares Eingreifen, für den erforderlichen Ausgleich zu sorgen, neue Möglichkeiten zu erschließen, begangene Fehler wieder gut zu machen und Abhilfe zu schaffen, je nachdem, ob die unternehmensinterne und -externe Situation Geplantes unausführbar macht oder neue Möglichkeiten eröffnet.

„Die Entscheidungen treffen nicht wir, die Spitze," sagt Peter Brabeck-Letmathe, „sondern sie müssen durch die Organisation getroffen werden. Aber man muss als CEO auch das Stück schreiben, den Blue Print, wo man mit der Firma überhaupt hin will."

Was Führen mit strategischer Teilhabe nicht ist
„Man umgebe aber den Feldherrn mit einer Anzahl voneinander unabhängigen Männern – je mehr, je vornehmer, je gescheiter, umso schlimmer -, er höre bald den Rat des einen, bald des anderen; er führe eine an sich zweckmäßige Maßregel bis zu einem gewissen Punkt, eine noch zweckmäßigere in einer anderen Richtung aus, erkenne dann die durchaus berechtigten Einwürfe eines dritten an und die Abhilfevorschläge eines vierten, so ist hundert gegen eins zu wetten, dass er mit vielleicht lauter wohlmotivierten Maßregeln seinen Feldzug verlieren würde."
Helmuth von Moltke

Diese Führungskonzeption ist in Abbildung 3.1 veranschaulicht. Die Unternehmensleitung gibt den Führungskräften einen Ausschnitt aus den strategischen Absichten und setzt sie dadurch in die Lage, je nach Situation, selbständig und initiativ Aktionspläne zu entwickeln und mit den Aktionsplänen der anderen Bereiche abzustimmen, und zwar im Einklang mit der Strategie. Gleichzeitig können die Führungskräfte externe Möglichkeiten in ihren Aktionsplänen berücksichtigen, die in die gewünschte Richtung gehen oder zu einem Neudurchdenken der Strategie führen. Die leitenden Gedanken der Strategien von Jack Welch:
– Nr. 1, Nr. 2 oder Nr. 3 in jedem Marktsegment,
– Six Sigma,
– Destroy-your-business-dot-com,

Die Schließung der Lücke zwischen Strategie und Aktionsplänen. Die Planungslücke

sind Beispiele für strategische Absichten, die Anregungen für dezentrales Weiterdenken und Handeln bieten.

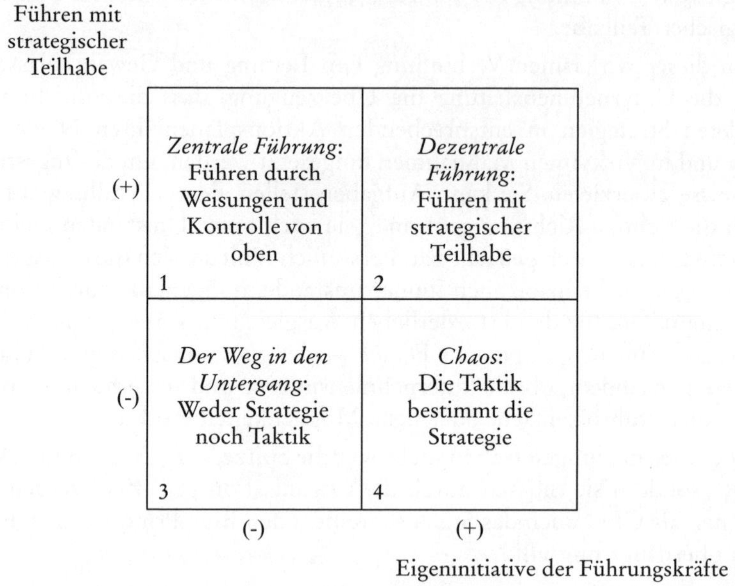

Führen mit strategischer Teilhabe

	(+)	*Zentrale Führung*: Führen durch Weisungen und Kontrolle von oben 1	*Dezentrale Führung*: Führen mit strategischer Teilhabe 2
	(-)	*Der Weg in den Untergang*: Weder Strategie noch Taktik 3	*Chaos*: Die Taktik bestimmt die Strategie 4
		(-)	(+)

Eigeninitiative der Führungskräfte

Abb. 3.1 Führen mit strategischer Teilhabe verbindet die Klarheit der strategischen Ausrichtung des Unternehmens mit der Selbständigkeit und Eigeninitiative der Führungskräfte (modifiziert nach Bungay, 2011)

Führen mit strategischer Teilhabe heißt, dass die Führungskräfte und Mitarbeiter die leitenden Gedanken der Strategie der Unternehmensleitung kennen, um nach diesen selbst dann zu streben, wenn die Umstände es erfordern sollten, anders zu handeln als angeordnet war. Die Kunst der Führung mit strategischer Teilhabe besteht deshalb darin, den strategischen Absichten eine *anregende Kraft* zu geben; sie muss *vieldeutig* sein und den Führungskräften erlauben, die von der strategischen Absicht ausgehende Energie gerade auf ihre Mühlen zu leiten, ohne das Gesamtinteresse des Unternehmens aus den Augen zu verlieren. Führen mit strategischer Teilhabe verbindet die Strategie mit der Initiative und Kreativität des Einzelnen. Der nachfolgende Fragebogen zeigt ein Modell, wie beurteilt werden kann, ob die Voraussetzungen für das Führen mit strategischer Teilhabe gegeben sind.

Die Voraussetzungen für die Führung mit strategischer Teilhabe …	Trifft zu Trifft nicht zu
1. Eine gemeinsame Grundanschauung über die Strategie des Unternehmens.	1 2 3 4 5
2. Die richtigen Führungskräfte in den richtigen Positionen.	1 2 3 4 5
3. Mitverantwortungsbewusstsein, Eigeninitiative und Selbständigkeit in abgestufter Folge auf allen Verantwortungsebenen.	1 2 3 4 5
4. Leadership-Ausbildung für die Führung mit strategischer Teilhabe.	1 2 3 4 5
5. Gegenseitiges Vertrauen zwischen Vorgesetzten und Mitarbeitern.	1 2 3 4 5
6. Vertrauen der Führungskräfte und Mitarbeiter auf ihre Fähigkeit, mit dem Unvorhersehbaren und Unerwarteten erfolgreich im Sinn der Strategien fertig zu werden.	1 2 3 4 5
7. Die Einzelheiten der Durchführung werden den Führungskräften und Mitarbeitern überlassen.	1 2 3 4 5
8. Eine Lernkultur auf den Verantwortungsebenen.	1 2 3 4 5
Wenn die Unternehmensleitung nicht alle Fragen mit „1" beantworten kann, sollte sie nicht mit strategischer Teilhabe führen.	

Fragebogen: Die Beurteilung der Voraussetzungen für das Führen mit strategischer Teilhabe

3.2 Die Unternehmensleitung gibt den Führungskräften einen Ausschnitt aus ihren strategischen Absichten

Führen mit strategischer Teilhabe ist, wie erwähnt, eine Methode, mit der die Unternehmensleitung den Führungskräften in den Funktionsbereichen und regionalen Einheiten einen Ausschnitt aus den eigenen strategischen Absichten und Gedankengängen gibt, durch den diese zur geistigen Mitarbeit bei der „Fortbildung des ursprünglich leitenden Gedankens" der Strategie „entsprechend den stets sich ändernden Verhältnissen" und bei der Entwicklung der entsprechenden Aktionspläne aufgefordert werden. Das Ziel ist, die Führungskräfte in die Lage zu versetzen, dass sie das Ganze vor den Teilen sehen und zur erfolgreichen Gestaltung sowohl der Teile als auch das Ganzen mit wirksamen und kohärenten Aktionsplänen initiativ und kreativ beitragen (Abbildung 3.2). Die Unternehmen sind zu komplex geworden und das Wettbewerbsumfeld ändert sich zu rasch, so dass die obersten Führungskräfte immer weniger in der Lage sind, die Vielzahl der widersprüchlichen und oft trügerischen Informationen zu verarbeiten, die für strategische Entscheidungen benötigt werden; ihre Rolle als „peak decision maker"[4] ändert sich nach Maßgabe der Führung mit strategischer Teilhabe.

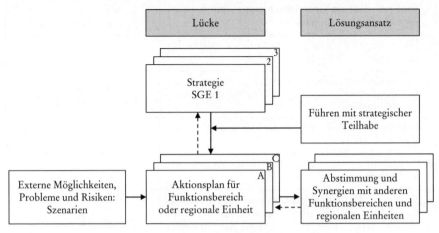

Abb. 3.2 Die Schließung der Lücke zwischen Strategie und Aktionsplänen

Die Einbindung der Leiter der Funktionsbereiche und regionalen Einheiten ist von entscheidender Bedeutung, weil die Führungskräfte die Aktionspläne auf der Grundlage von Elementen formulieren werden, die die Unternehmensleitung nicht nur nicht kennt, sondern häufig nicht einmal beurteilen könnte. Darüber hinaus verfügen die Führungskräfte über Kompetenzen, die ihre Vorgesetzten nicht haben und die die Strategie und die damit verbundenen Aufgaben auf eine Art interpretieren, die von der verschieden sein kann, die die Vorgesetzten annehmen. Schließlich können die Aktionspläne Initiativen enthalten, deren Auswirkungen auf und Übereinstimmung mit den Strategien nur mit Approximation und Verspätung gemessen werden können.

Die Unternehmensleitung muss deshalb den Führungskräften einen Ausschnitt aus der Strategie geben, damit diese wissen, *was* das Unternehmen will und *warum* es das will.

Die übergeordneten Stellen halten sich vor jedem Eingehen in Details fern, bestimmen Kernauftrag und Kernelemente der Strategie und überlassen die Ausarbeitung und Abstimmung der entsprechenden Aktionspläne den Führungskräften. Von diesen wird verlangt, dass sie den Sinn eines Zieles erkennen und in eigener Verantwortung diesem Sinn nach handeln und das auch dann, wenn eine Änderung der Wettbewerbssituation und der Kundenbedürfnisse ein Abweichen vom Ziel richtig erscheinen lässt. Dadurch lassen sich eventuelle schwerwiegende Fehlbeurteilungen beim Denkansatz der Strategie vermeiden, neue, unerwartet auftretende Möglichkeiten berücksichtigen und schlecht kalkulierte Risiken abwenden.

---

[4] R. M. Grant u. J. Jordan, Foundations of Strategy, Chichester 2012, S. 468.

Diese Methode setzt eine hohe strategische und operative Kompetenz sowohl der Unternehmensleitung als auch der Leiter der Funktionsbereiche und regionalen Einheiten voraus. Sie muss unter Berücksichtigung der Persönlichkeiten und Verhältnisse mit Maß, Verständnis und ohne jede Schematisierung geübt sein. Nur dann führt sie zur *geistigen* Zusammenarbeit und zur gegenseitigen Unterstützung der Führungskräfte.

Diese Methode darf die Unternehmensleitung aber nicht abhalten, da, wo die Situation es erfordert, wo es an Ressourcen oder an Zeit fehlt oder wo das Verhalten der Führungskräfte die Erreichung der Ziele gefährdet, Weisungen an die Führungskräfte zu geben. Die Unternehmensleitung hat das Recht und die Pflicht zum Eingreifen, sobald die Gefahr besteht, dass die Aktionspläne die Strategie in unbeabsichtigte Bahnen ziehen.

Sie soll aber von diesem Recht so wenig Gebrauch machen als nur irgendwie möglich ist; die Aufgabe der Unternehmensleitung ist, eine offene, innovationsorientierte Unternehmenskultur vorzuleben und die Führungskräfte zu der in richtigen Grenzen sich entfaltenden Selbsttätigkeit und Initiative zu erziehen.

Die Unternehmensleitung muss den Dingen oft ihren Lauf lassen, um feststellen zu können, ob die eingeräumte Selbständigkeit von den Führungskräften nicht zur Willkür missbraucht wird, sie muss aber die Überzeugung gewinnen, dass die Führungskräfte so viel Professionalität und Vertrauen in die eigenen Fähigkeiten besitzen, dass sie jeder Lage, für die wenig oder kein Wissen existiert, gewachsen sind.

Über Koalitionen
„Die Koalition ist vortrefflich, solange alle Interessen jedes Mitgliedes dieselben sind. Bei allen Koalitionen gehen indes die Interessen der Verbündeten nur bis zu einem gewissen Punkt zusammen. Sobald es nämlich darauf ankommt, dass zur Erreichung des großen gemeinsamen Zweckes einer der Teilnehmer ein Opfer bringen soll, ist auf Wirkung der Koalition meist nicht zu rechnen."
Helmuth von Moltke

Die Führungskräfte haben die Pflicht, die mit den Vorgesetzten vereinbarten Ziele weiter zu entwickeln und zu ergänzen; sehen sie sich einer neuen, nicht vorgesehenen Lage gegenüber, haben sie das Recht, gleichermaßen als Stellvertreter oder in ihrem Namen zu handeln, immer aber in den Grenzen der Strategie oder in ihrem Sinne, an deren Entwicklung sie beteiligt waren. Diese Pflicht schließt auch die Verantwortung ein, unvorhergesehene Möglichkeiten selbständig zu entdecken, sie richtig zu bewerten, darauf aufbauend eigenständige Entscheidungen im Sinne der Strategie zu treffen und diese in Aktionsplänen umzusetzen. Dazu muss zwischen der Unternehmensleitung und den Führungskräften bezüglich der Auffassungen und Überzeugungen Einvernehmen herrschen – was eine gemeinsame, von oben vorgelebte Unternehmenskultur sowie Vertrauen zwischen Vorgesetzten und Führungskräften voraussetzt. Ein solches Einvernehmen ist somit nicht eine Sache des Zufalls; es ist das Ergebnis: a) einer sinngebenden und richtungsweisenden Vision und eines herausfordernden Kernauftrages, die gemeinsam mit den Führungskräften erarbeitet wurden, b) einer hinreichenden Einbindung der Führungskräfte in die Ziele, Strategien und Beweggründe der Vorgesetzten, und c) eines richtigen Verständnisses der Lage des Unternehmens und seiner Entwicklungskorridore. Für die Führungskräfte ist es eine Notwendigkeit und daher auch eine Pflicht, sich ein Verständnis für die allgemeine Lage des Unternehmens, für die Trends, die sich abzeichnen, für die Entwicklung des Marktes und der Technologie, für gesellschaftliche Zusammenhänge zu verschaffen und sie im Auge zu behalten, soweit sie zu ihren Aufgaben in Beziehung stehen.

Die Unternehmensleitung muss überzeugt sein, dass in der überwiegenden Mehrzahl der Fälle Offenheit gegenüber neuen Möglichkeiten und unternehmerische Initiative seitens der Führungskräfte günstige Folgen nach sich ziehen werden; sie muss aber bereit sein, auch die weniger glücklichen Initiativen der Führungskräfte in Kauf zu nehmen und nicht zu bestrafen.

Erfolgreiche Unternehmen zeichnen sich dadurch aus, dass die Leiter der Funktionsbereiche und regionalen Einheiten die Handlungsfreiheit, über die sie verfügen, kreativ und im Interesse der Strategien nutzen und dabei die Möglichkeit der Zusammenarbeit mit den anderen Funktionsbereichen und regionalen Einheiten sowie mit Lieferanten und Partnerunternehmen bis zur Grenze der Machbarkeit ausschöpfen.

Führen mit strategischer Teilhabe dient zusammenfassend folgenden Zwecken:

1. Sie stellt sicher, dass alle Führungskräfte in den verschiedenen Funktionsbereichen und regionalen Einheiten die verabschiedeten Strategien im Sinne der Unternehmensleitung *interpretieren*. Die Führungskräfte reagieren nicht direkt auf eine bestimmte Strategie, sondern immer nur auf ihre Interpretation der Strategie selbst. Und ihre Interpretation der Strategie ist davon abhängig, was sie vorher in sie hineingelegt haben. Bei einer Desinvestitionsstrategie z.B., für die ein Abbau von Arbeitsplätzen vorgesehen ist, reagieren die Mitarbeiter nicht auf die Situation selbst, denn sie haben ja keine Chance, ja oder nein zu sagen, sondern nur auf ihre Befürchtungen. Eine sorgfältig ausgearbeitete Produktionspolitik z.B. macht die Schwerpunkte der Strategie im technischen Bereich deutlich und orientiert die spezifischen Entscheidungen in eine Richtung, die mit der Strategie übereinstimmt.

2. Sie löst *spezifische, mit den Strategien kohärente Aktionspläne* in den einzelnen Funktionsbereichen und regionalen Einheiten aus. Die Strategie ist kein Aktionsplan und kann auch nicht über weite Strecken und längere Zeiträume geplant werden; die Konsequenzen der Strategie in den Funktionsbereichen und regionalen Einheiten müssen jedoch im Einzelnen erfasst und geprüft werden. Die Kenntnis der strategischen Absichten der

Unternehmensleitung bildet den Rahmen, innerhalb dessen die Leiter der Funktionsbereiche und regionalen Einheiten selbständig und initiativ im Sinne der Strategien entscheiden und handeln.

3. Sie dient der *Koordination* der einzelnen Funktionsbereiche und regionalen Einheiten im Hinblick auf die verabschiedeten Strategien. Wenn der Produktionsleiter A und der Leiter der F&E-Abteilung B zwischen einer Aktionslinie 1 einer Aktionslinie 2 wählen können, muss sichergestellt sein, dass, wenn A die Linie 1 wählt, auch B sich für die Linie 1 entscheidet oder zumindest weiß, dass A sich auf der Linie1 und nicht auf der Linie 2 bewegt. Die fehlende Abstimmung der Funktionsbereiche und regionalen Einheiten hat umso schwerwiegendere Folgen, je höher die hierarchische Ebene ist, auf der sich die Entscheidungsträger befinden und je länger die Kette der abhängigen Entscheidungsträger ist.

4. Sie bezweckt ein *Controlling* und eine *Revision* der Strategien, wenn nicht vorgesehene oder vorhersehbare unternehmensinterne und/oder externe Ereignisse Geplantes unausführbar machen oder neue Möglichkeiten eröffnen.

Führen mit strategischer Teilhabe verbindet zusammenfassend in abgestufter Form den Top-down- mit dem Bottom-up-Ansatz (Abbildung 3.3). Das Top Management Team (TMT) trägt die Letztverantwortung für die Strategie, in deren Formulierung sind jedoch auch die unteren Verantwortungsebenen eingebunden. Persönliche Erfahrungen und Beispiele erfolgreicher Unternehmen zeigen, dass die Beiträge zur Strategieentwicklung zu etwa 40 Prozent beim TMT liegen, die restlichen sich etwa gleichmäßig auf die anderen Verantwortungsebenen verteilen. Es ist also nicht so, dass das TMT die Strategie bestimmt und die anderen Ebenen lediglich Ausführungsorgane und Befehlsempfänger sind.

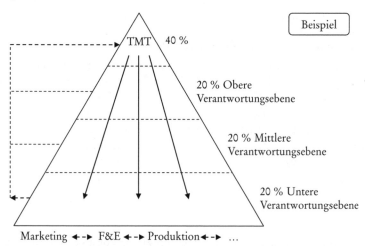

Abb. 3.3 Die Verbindung von Top-down- und Bottom-up-Ansatz durch Führung mit strategischer Teilhabe

Strategieentwicklung im Unternehmen ABC
Der Vorstand entscheidet über die Zuteilung der Ressourcen an die Strategischen Geschäftseinheiten auf der Grundlage von deren Ist-Situation, angestrebten Zielposition und entsprechenden Strategien. Die Leiter der Geschäftseinheiten werden entweder bestätigt oder belohnt oder ersetzt, je nachdem, wie deren Beitrag zu den angestrebten Ergebnissen beurteilt wird.
Nach der Zuteilung der finanziellen und personellen Ressourcen und der Verabschiedung der Strategien diskutieren die leitenden Mitarbeiter in den Strategischen Geschäftseinheiten Sinn, Zweckmäßigkeit und Grenzen der Allokation der Ressourcen. Die Strategie wird als unverbindliche Absicht des Führungsteams zerredet und nach Maßgabe der Ambitionen, Möglichkeiten und Perspektiven der Abteilungen in Aktionsplänen ausgedrückt, die ebenfalls Absichtserklärungen sind. Die Strategie wird auf unterschiedliche Weise interpretiert; je nach Interpretation werden Aktionspläne entwickelt, die mehr persönlichen Interessen als dem Interesse des Unternehmens dienen.
Die vom Vorstand verabschiedete Strategie wird von den Führungskräften in Frage gestellt.

3.3 Eigeninitiative und Selbständigkeit der Führungskräfte

Die Strategie ist die Art, die Ressourcen so einzusetzen, dass bei gleichen oder höheren Fähigkeiten der Wettbewerber bessere Resultate erzielt werden können. Die Strategieformulierung ist ein dynamischer Prozess, der, um wirksam zu sein, sich auf wenige, kritische Prioritätsbereiche konzentrieren muss, da für langfristige Regelungen das Grundsätzliche wichtiger als das Technische ist. Die Umsetzung in Aktionspläne verlangt selbständiges und initiatives Handeln der Führungskräfte im Interesse des Unternehmens.

Die neue Rolle der obersten Führungskräfte
„The notion of the leader as a heroic decision maker is untenable. Leaders must be recast as social-systems architects who enable innovation ... In Management 2.0, leaders will no longer be seen as grand visionaries, all-wise decision makers and ironfisted disciplinarians. Instead, they will need to become social architects, constitution writers and entrepreneurs of meaning. In this new model, the leader's job is to create an environment where every employee has the chance to collaborate, innovate, and excel."
Gary Hamel, zitiert in: R. M. Grant u. J. Jordan, Foundations of Strategy, a. a. O., S. 469

Selbständigkeit heißt:
a) Vertrauen in das eigene, selbständige und zielbewusste Urteil und in die eigenen Fähigkeiten, neue Situationen, für die wenig oder kein Wissen existiert, erfolgreich bewältigen zu können,

b) genügend Willen und Charakter, um diesem Urteil und diesen Fähigkeiten gemäß auf eigene Verantwortung hin zu handeln.

Die Selbständigkeit der Führungskräfte setzt eine Unternehmenskultur, verstanden als die Summe aller ungeschriebenen Spielregeln oder Selbstverständlichkeiten im Unternehmen, voraus, in der die Durchführung der Strategien und Aktionspläne nach ihrem „Sinn und Wesen" und nicht bloß nach dem Plan oder Budget gefordert wird. Die Führungskräfte sind nicht nur berechtigt, sondern auch verpflichtet, Änderungen in der Durchführung der Entscheidungen vorzunehmen, und zwar in dem Maße, wie sich die Verhältnisse im Vergleich zu denen geändert haben, wie sie zur Zeit der Entscheidung vorausgesetzt wurden.

An der Übertreibung, um nicht zu sagen, am Missbrauch dieses Grundsatzes der Selbständigkeit und der geistigen Mitarbeit und Mitverantwortung der Führungskräfte sind nicht letztere, sondern die Unternehmensleitung schuld.

Je ungenauer die Informationen sind, auf denen Unternehmer und oberste Führungskräfte ihre Strategien stützen, umso allgemeiner müssen die Ziele gehalten und umso größer müssen die Freiheit und der Handlungsspielraum sein, die der Selbständigkeit der Führungskräfte überlassen bleiben. Wenn die Strategie mehr eine Kunst als eine Wissenschaft ist, dann eignet sie sich von allen Künsten am wenigsten für Dilettanten. Wenn der Erfolg im Wettbewerb nur durch die Kreativität und Disziplin der Führungskräfte und Mitarbeiter erzielbar ist, so sind es doch der Unternehmer und/oder die obersten Führungskräfte, die ihnen die Mittel und die Gelegenheit dazu verschaffen. Deshalb erntet im Wettbewerb jedes Unternehmen nur die Früchte der Aus- und Weiterbildung aller Führungskräfte und Mitarbeiter; der wirtschaftliche Erfolg verbleibt letzten Endes dem, der ihn verdient. Die Führungskräfte müssen wissen, wie die Mitarbeiter voraussichtlich den ihnen eingeräumten Handlungsspielraum nutzen. Umgekehrt müssen die Führungskräfte in der Lage sein, sich in die Situation der höheren Führungsebene zu versetzen, um zu verstehen, wie sich ihr Denken und Handeln in die Strategie einfügt.

Je mehr sich die Unternehmensleitung in Einzelheiten und Kleinigkeiten verliert, ihren Führungskräften vorgreift und deren Wirkungskreis einschränkt, desto mehr verliert sie die Hauptsache aus den Augen und desto mehr verzichtet sie auf die Fähigkeiten ihrer Führungskräfte. In turbulenten Zeiten ist die treibende Kraft im Unternehmen die Fähigkeit der Führungskräfte, im Sinne des Ganzen selbständig zu denken und zu handeln. Auf diese treibende Kraft müssen die Unternehmer und obersten Führungskräfte ihr Vertrauen setzen. Die Selbständigkeit der Führungskräfte wirkt als „Multiplikator", der die Führungsfähigkeit der Unternehmensleitung vergrößert. Werden die Führungskräfte an *durchdachtes Handeln* gewöhnt, dann entwickeln sie die Ziele und strategischen Absichten der Unternehmensleitung weiter, ergänzen sie, gleichen sogar Fehler aus, entdecken neue Möglichkeiten und beugen Risiken vor.

3.4 Die ergebnisorientierte Steuerung der Entscheidungsprozesse

Ein Unternehmen wird dann strategisch geführt, wenn die Vielzahl der Entscheidungen, die in den Funktionsbereichen und strategischen Geschäftseinheiten getroffen werden, mit Hilfe klarer Strategien und wirksamer Aktionspläne auf die nachhaltige Wertsteigerung des Unternehmens ausgerichtet sind. Wenn keine Strategie vorhanden ist, so der österreichische Bankfachmann Josef Stampfer, dann ist jede Taktik richtig und lässt sich jede Maßnahme rechtfertigen. Führen mit strategischer Teilhabe hängt davon ab, wie Entscheidungen getroffen werden und wie sie zu Ergebnissen führen.

Die Qualität der Führung mit strategischer Teilhabe ist somit eine Funktion der Qualität der Entscheidungsprozesse, die im Unternehmen ablaufen. Aufgabe der Führungskräfte ist es, einerseits konstruktive Kritik, somit konstruktive Konflikte, zuzulassen, gleichzeitig aber Konsens aufzubauen, damit die Aktionspläne von den zuständigen Führungskräften getragen und rechtzeitig und wirksam umgesetzt werden[5].

In Abbildung 3.4 sind einige Mythen im strategischen und operativen Entscheidungsprozess dargestellt. Der strategische Entscheidungsprozess ist nicht linear und so einfach, wie er häufig in Lehrbüchern und in der Presse dargestellt wird. Empirische Untersuchungen zeigen, dass Entscheidungsprozesse äußerst subtil, persönlich und von Führungskraft zu Führungskraft verschieden sind, viele Rückkoppelungsschleifen durchlaufen und so lange evolvieren, bis eine Lösung gefunden wird.[6]

Vorstellung	Wirklichkeit
Der CEO entscheidet.	Viele Führungskräfte auf unterschiedlichen Verantwortungsebenen tragen zur strategischen Entscheidung bei.
Strategische Entscheidungen werden im Büro des CEO getroffen.	Strategische Entscheidungen werden in Einzelgesprächen mit Führungskräften im Unternehmen oder außerhalb oder in kleinen Teams getroffen, häufig gemeinsam mit Personen, denen der Letztentscheidungsträger vertraut.
Die Entscheidungen sind weitgehend analytische, intellektuelle Übungen.	Strategische Entscheidungen sind komplexe soziale, emotionale und politische Prozesse.
Die Führungskräfte analysieren zuerst und entscheiden dann.	Strategische Entscheidungen entwickeln sich auf nichtlineare Weise. Lösungen ergeben sich oft, bevor Probleme definiert oder Alternativen geprüft werden.
Führungskräfte entscheiden zuerst und handeln dann.	Strategische Entscheidungen unterliegen einer Evolution im Zeitablauf und verlaufen in einem iterativen Prozess von Entscheidung und Handlung.

Abb. 3.4 Vorstellung und Wirklichkeit in strategischen Entscheidungsprozessen (in Anlehnung an Roberto, 2007)

---

[5] Siehe M. A. Roberto, Why Great Leaders Don't Take Yes for an Answer. Managing for Conflict and Consensus, 5. Aufl., Upper Saddle River 2007, S. 22 ff.
[6] Siehe hierzu mein Buch: Strategische Unternehmensführung, Band I, a. a. O., S. 16 ff.

Gute Unternehmer sind gute Geschichtenerzähler
2012 ist BP in einer schwierigen Lage. Auf der einen Seite fordert das Department of Justice der Vereinigten Staaten Schadensersatz für die Katastrophe im Golf von Mexico in Höhe von 25 Mrd. Dollar, auf der anderen Seite steht das Unternehmen unter Druck mit seinem Anteil an TNK-BP, seiner russischen Joint Venture. Hinzu kommt, dass Investoren den Holding-Abschlag von BP mit 20 Prozent bewerten und eine Zerschlagung des Unternehmens fordern. Die Marktkapitalisierung von BP ist nach dem Unfall der „Deep Water Horizon" um 30 Prozent gefallen. Wenn das Top Management nicht in der Lage ist, einen fairen Marktwert für die BP-Aktie zu erzielen, muss ein neuer Mann die Führung übernehmen, lautet eine Forderung der Aktionäre.

Die Strategie von Bob Dudley, CEO von BP, lautet: „Schrumpfen, um zu wachsen". Ein früherer Mitarbeiter von BP sagt: „Es gibt einen großen Vertrauensverlust in das Top Management. Es fehlt eine Strategie oder eine gute Geschichte".

Die Menschen lieben Geschichten. Eine Geschichte hat einen Anfang und ein Ende, sie braucht eine Handlung und einen Helden.

Bei strategischen Entscheidungen – Übernehmen eines Konkurrenten, Schließung eines Werkes, Bestellung eines neuen CEO – ist es im Interesse des Unternehmens, die Öffentlichkeit als wichtigen Stakeholder für sich zu gewinnen. Der CEO von Continental, z.B., hat durch eine überzeugende Geschichte von einer feindlichen und unfairen Übernahme durch ein viel kleineres, mittelständisches Familienunternehmen die Sympathie der Öffentlichkeit gewonnen. Anshu Jain, Co-CEO der Deutschen Bank, versucht durch eine gute Geschichte die deutsche Öffentlichkeit für sich einzunehmen.

CEOs lassen sich die Geschichten von PR-Beratern schreiben.
Quelle: Frankfurter Allgemeine Zeitung, Nr. 88, 14. April 2012, S. 42

Die Komplexität und Nicht-Linearität der Entscheidungsfindung verlangen, dass die Entscheidungsprozesse in den Funktionsbereichen und regionalen Einheiten so gesteuert werden, dass rechtzeitig wirksame und kohärente Ergebnisse erzielt werden. Die Führungskräfte können dabei lösungsorientiert oder prozessorientiert vorgehen (Abbildung 3.5). Die Führung mit strategischer Teilhabe verbindet beide Vorgehensweisen, für die Umsetzung der Strategie ist jedoch das prozessorientierte Vorgehen wichtiger: Die Frage, die es zu beantworten gilt, lautet: „Wie entscheiden wir?"

Die Schließung der Lücke zwischen Strategie und Aktionsplänen. Die Planungslücke

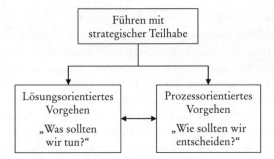

Abb. 3.5 Lösungsorientiertes versus prozessorientiertes Vorgehen bei Entscheidungen (in Anlehnung an Roberto, 2007)

Die obersten Führungskräfte steuern den Entscheidungsprozess prozessorientiert im Hinblick auf Ergebnisse mit Hilfe von vier Instrumenten (Abbildung 3.6):
1. Die Zusammensetzung des Teams: Wer soll in die Entscheidung und damit in die Verantwortung eingebunden sein?
2. Das Kommunikationssystem: Wie kommunizieren wir im Team und mit der Unternehmensleitung?
3. Der Kontext: Welche Rahmenbedingungen – Berichtssystem, Normen, procedures und Werte, zeitlicher Druck – schaffen wir, damit unternehmerisches Handeln möglich und auf die Erreichung der Ziele innerhalb der geplanten Kosten und Zeiten gerichtet ist?
4. Das Controllingsystem: Wie kontrolliert die Unternehmensleitung Inhalt und Prozess der Entscheidung?

Führen mit strategischer Teilhabe verbindet das lösungsorientierte Vorgehen mit dem prozessorientierten Vorgehen.

Die Kontrolle des Strategen
„Am unglücklichsten ist aber der Feldherr, der noch eine Kontrolle über sich hat, der er an jedem Tag, in jeder Stunde Rechenschaft von seinen Entwürfen, Plänen und Absichten geben soll, einen Delegaten der höchsten Gewalt im Hauptquartier oder doch einen Telegraphendraht im Rücken. Daran muss jede Selbständigkeit, jeder rasche Einschluss, jedes kühne Wagen scheitern, ohne die doch der Krieg nicht geführt werden kann ... Ein kühner Entschluss wird nur durch *einen* Mann gefasst."
Helmuth von Moltke

Die ergebnisorientierte Steuerung der Entscheidungsprozesse

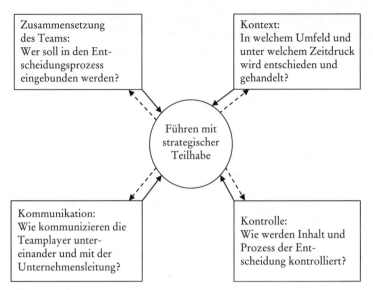

Abb. 3.6 Die Steuerung der Entscheidungsprozesse (in Anlehnung an Roberto, 2007)

Der Erfolg der Führung mit strategischer Teilhabe ist die Resultierende aus konstruktivem Konflikt und umfassendem Konsens (Abbildung 3.7); er hängt davon ab, wie das Team zusammengesetzt ist, in welchem Kontext (Regeln, Normen, Werte) die Entscheidungen getroffen werden, wie die Mitglieder des Teams untereinander kommunizieren und Ideen austauschen und wie die Führungskraft den Prozess steuert.[7] Was die Zusammensetzung des Teams betrifft, zeigen empirische Untersuchungen, dass die besten, nachhaltig wirkenden Ergebnisse erzielt werden, wenn es aus Schnelldenkern und Langsamdenkern besteht: Schnelldenker sind eher intuitiv, konstruieren laufend eine

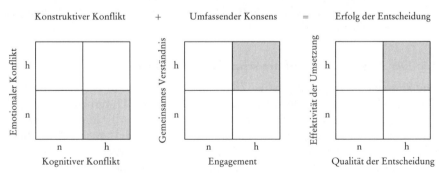

Abb. 3.7 Der Erfolg einer Entscheidung ist die Resultierende aus konstruktivem Konflikt und umfassendem Konsens (in Anlehnung an Roberto, 2007)

---

[7] Siehe M. A. Robert, Why Great Leaders Don't Take Yes for an Answer. Managing for Conflict and Consensus, a. a. O., S. 22 ff.

kohärente Interpretation der Welt, während Langsamdenker eher analytisch, kontrollierend und selbstreflektierend vorgehen.[8]

Jeder Unternehmer, wie auch jeder von uns, hat im Leben drei Aufgaben zu bewältigen:[9]
- die Gegenwart meistern,
- die Vergangenheit selektiv vergessen,
- die Zukunft gestalten.

Govindarajan und Trimble schlagen vor, sich die Situation der Branchen in 5 Jahren vorzustellen, in denen das Unternehmen tätig ist, in dem man sich auf absehbare Veränderungen im Markt, in den Kundenbedürfnissen, in den Technologien, in der Gesellschaft konzentriert. Alle wichtigen Initiativen, die im Unternehmen im Gang sind, wären dann in drei Kategorien einzuteilen:

a) Initiativen, die die Optimierung des Status-quo betreffen,
b) Initiativen, mit denen obsolete Produkte, Dienstleistungen, Verfahren und Routinen, überholte Annahmen und mentale Modelle abgeschafft werden,
c) Initiativen, die die Zukunft vorwegnehmen und gestalten.

Wie in Abbildung 3.8 dargestellt, erlaubt die Auflistung der Initiativen Schwerpunkte in der strategischen Ausrichtung des Unternehmens aufzuzeigen, Inkohärenzen festzustellen und das Gleichgewicht zwischen den drei Arten von Initiativen einzurichten, das den strategischen Absichten der Unternehmensleitung entspricht.

Notiere alle wichtigen Initiativen, die im Unternehmen im Gang sind ...		
... zur Optimierung des Status-Quo: 1. ... 2. ... 3. ...	... zur Beseitigung von Schwachstellen: 1. ... 2. ... 3. ...	... zur Gestaltung der Zukunft: 1. ... 2. ... 3. ...

Abb. 3.8 Die Führungsverantwortung: die drei Arten von Initiativen in Einklang bringen mit der strategischen Ausrichtung des Unternehmens (in Anlehnung an Govindarajan/Trimble, 2011)

3.5 Der Umweg führt oft am schnellsten zum Ziel

Die Strategie verfolgt langfristige Ziele auf hoher Ebene in einem kompetitiven Umfeld; sie hat die Aufgabe, das Überleben des Unternehmens zu sichern, seinen Wert nachhaltig zu erhöhen, ein wettbewerbsfähiges Unternehmen der nächsten Generation zu übergeben und dgl. mehr. Um diese strategischen Ziele zu erreichen, bedarf es kurz- und mittelfristiger Ziele sowie entsprechender Aktionspläne. Abbildung 3.9 zeigt diesen Top-down-Ansatz. Dieser direkte Ansatz hat sich in der Vergangenheit bewährt, in einer

---
[8] Siehe ausführlich D. Kahnemann: Thinking, Fast and Slow, New York 2011, S. 19 ff.
[9] V. Govindarajan u. Ch. Trimble, The CEO's Role in Business Model Reinvention, in: Harvard Business Review, January-February 2011, S. 109–114.

Umwelt, die weniger komplex, weniger unsicher und auch leichter interpretierbar war als unsere Zeit. Empirische Untersuchungen und Studien belegen, dass nur etwa 30 Prozent der Veränderungsprogramme nach diesem direkten Ansatz erfolgreich ablaufen. „Involving everyone", so Jack Welch, „is the key to enhancing productivity".

In einer Umwelt, die komplex, unsicher und schwer interpretierbar ist, die sich auf nicht vorhersehbare Weise ändert, lassen sich die oben genannten strategischen Ziele nur unscharf bestimmen und häufig nicht quantifizieren.

Das strategische Ziel, z. B. der nachhaltigen Wertsteigerung des Unternehmens, ist deshalb keine ausreichende Richtlinie für konkrete Aktionspläne; dieses Ziel hat viele Dimensionen und ist auch nicht präzise definierbar. In der Wirtschaft unserer Zeit kann der direkte Ansatz, wie in Abbildung 3.9 dargestellt, nicht funktionieren. Niemand kann in einem komplexen System, wie es ein Unternehmen ist, vorhersehen, welche mittelfristigen Ziele und entsprechenden Aktionspläne notwendig sind, um das strategische Ziel innerhalb bestimmter Kosten und Zeithorizonte zu erreichen. Führen mit strategischer Teilhabe unter Einbindung der Führungskräfte ist der Schlüssel zum unternehmerischen Erfolg, wenn keine sicheren Prognosen möglich sind.

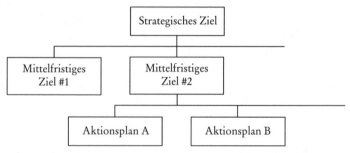

Abb. 3.9 Der direkte Ansatz: Die Unternehmensleitung plant, die Führungskräfte und Mitarbeiter führen aus

Die Komplexität der Beziehungen zwischen dem Ganzen und seinen Teilen ist der Grund, warum der direkte Ansatz nicht zielführend ist. Unternehmen brauchen in einem volatilen, unsicheren und schwer interpretierbaren Umfeld einen Prozess der laufenden Anpassung und Entdeckung. Der englische Ökonom John Kay nennt diesen Prozess „obliquity";[10] er meint damit den indirekten Ansatz.

Die strategischen und die mittelfristigen Ziele ändern sich im Lauf der Zeit, genauso wie die entsprechenden Maßnahmen. Unternehmen lernen und passen sich wechselnden Kundenbedürfnissen, neuen Technologien und neuen Wettbewerbssituationen an. „Die Unterscheidung zwischen Mitteln und Zielen, die in einfachen Problemlösungsprozessen selbstverständlich und wichtig

---

[10] J. Kay, Obliquity. Why our goals are best achieved indirectly, London 2011, S. 53 ff.

sind, eignet sich nicht in der praktischen Entscheidungstätigkeit. Der Prozess, in dem gut definierte und priorisierte Ziele in spezifische Zustände und Maßnahmen heruntergebrochen werden, die sich steuern und messen lassen, entspricht nicht der Realität, wie Menschen in ihrem Leben Erfüllung finden, große Kunstwerke schaffen, große Gesellschaften einrichten oder gute Unternehmen aufbauen."[11]

Abbildung 3.10 fasst in großen Linien die Merkmale des direkten und indirekten Führungsansatzes zusammen. Führen mit strategischer Teilhabe beruht weitgehend auf dem indirekten Ansatz der Entscheidungsfindung. Je erfolgreicher ein Unternehmen ist, desto weniger steht die Maximierung der Wertsteigerung im Vordergrund, desto mehr ist diese das Ergebnis unternehmerischen Handelns, der Zufriedenstellung der Kunden, des Engagements der Mitarbeiter, einer effizienten Infrastruktur und einer exzellenten Führung. Nicolas G. Hayek und Steve Jobs waren große Unternehmer, weil sie die Regeln, mit denen ihr Erfolg und der der Konkurrenten gemessen wurden, entsprechend den sich ändernden Wettbewerbsverhältnissen und Kundenerwartungen geändert haben. Sie haben uns Produkte verkauft, wie wir sie uns nicht vorgesellt haben.[12] Die nachhaltige Wertsteigerung eines Unternehmens lässt sich nur auf indirekte Weise erreichen. Strategisches Denken und Handeln ist deshalb keine lineare Kette, in der die obersten Führungskräfte die strategischen Ziele bestimmen, Zwischenziele mit den Leitern der strategischen Geschäftseinheiten vereinbaren, diese den Leitern der Funktionsbereiche und regionalen Einheiten Ziele vorgeben, die dann zu entsprechenden, koordinierten Maßnahmen führen. Strategisches Denken und Handeln beruht auf dem indirekten Ansatz der Entscheidungsfindung; es berücksichtigt die Rückkoppelungsschleifen und Interaktionen zwischen den Verantwortungsebenen, die Anpassungsfähigkeit und -bereitschaft der Mitarbeiter, ihre Urteilsfähigkeit, Disziplin und Kreativität, neue Möglichkeiten zu entdecken, Probleme zu lösen und schlecht kalkulierte Risiken abzuwenden. Die Führung großer Organisationen ist zu komplex, die Interpretation des Umfeldes zu unsicher, die Unsicherheit der Zukunft zu groß für den linearen, direkten Ansatz der Entscheidungsfindung.

Der indirekte Ansatz ist zusammenfassend in einer komplexen, unsicheren, schwer interpretierbaren und sich stets verändernden Welt geeigneter, die Strategien wirksam umzusetzen als der direkte Ansatz. Führen mit strategischer Teilhabe ist der indirekte Ansatz, mit dem sich die Planungslücke schließen lässt.[13] Führen mit strategischer Teilhabe, die den Führungskräften Entscheidungs- und Handlungsspielräume erschließen, ist der Umweg, der oft am schnellsten zum Ziel führt.

---

[11] J. Kay, Obliquity, a. a. O., S. 63 (Übersetzung durch den Verfasser).
[12] Siehe J. Kay, Obliquity, a. a. O., S. 77 ff.
[13] Dazu St. Bungay, The Art of Action: How Leaders Close the Gaps Between Plans, Actions and Results, a. a. O., S. 26 ff.

	Der direkte Führungsansatz	**Der indirekte Führungsansatz – Führen mit strategischer Teilhabe**
Strategische Ziele und mittelfristige Ziele	• Strategische Ziele sind klar definiert und messbar • Sie lassen sich eindeutig von den mittelfristigen Zielen und Maßnahmen unterscheiden, die deren Erreichen möglich machen.	• Strategische Ziele haben viele Dimensionen und lassen sich nur unscharf definieren. • Es gibt keine klare Unterscheidung zwischen strategischen und mittelfristigen Zielen und entsprechenden Maßnahmen. • Wir lernen über die Art der strategischen Ziele, in dem wir die Zustände schaffen und Maßnahmen durchführen, die zu deren Erreichung beitragen.
Interaktionen	Die Interaktionen mit den anderen Stakeholdern sind begrenzt, ihre Antworten hängen von den Maßnahmen ab, die wir durchführen.	Das Ergebnis der Interaktionen hängt nicht nur von unseren Maßnahmen ab, sondern auch vom gesellschaftlichen Kontext, in dem sie ausgeführt werden und wie sie von anderen interpretiert werden.
Komplexität	Wir verstehen die Struktur der Beziehungen zwischen strategischen Zielen, mittelfristigen Zielen und Maßnahmen.	Unser Wissen über diese Beziehungen ist unvollständig; es wird im Lauf der Umsetzung erworben.
Die Probleme sind offen, die Unsicherheit groß	Die Bandbreite der Optionen ist fix und bekannt.	Nur eine kleine Anzahl von Optionen ist identifiziert oder wird als verfügbar wahrgenommen.
Risiko	Die Risiken lassen sich mit Wahrscheinlichkeiten beschreiben.	Die Umwelt ist unsicher. Wir wissen weder, was passiert, noch kennen wir die Bandbreite dessen, was passieren kann.
Abstraktion	Das Problem lässt sich gut in einem einzigen analytischen Modell beschreiben.	Die Vereinfachung eines komplexen Problems hängt von der Urteilsfähigkeit der Mitarbeiter und der Kenntnis des Umfeldes ab.
Ergebnisse	Es geschieht das, was wir beabsichtigen, dass geschieht.	Die Ergebnisse sind die Folge von komplexen Prozessen, die wir nicht vollständig erfassen.
Wahlmöglichkeiten	Die Maßnahmen werden nach Prüfung aller verfügbaren Alternativen ausgewählt.	Die Maßnahmen werden aus einer begrenzten Zahl von Alternativen ausgewählt. Diese Zahl wird sukzessive eingeengt.

Die Schließung der Lücke zwischen Strategie und Aktionsplänen. Die Planungslücke

	Der direkte Führungsansatz	Der indirekte Führungsansatz – Führen mit strategischer Teilhabe
Informationsgrenzen	Die Entscheidungen werden auf der Basis möglichst vieler Informationen getroffen.	Die Entscheidungen werden nach Maßgabe des begrenzten Wissens getroffen, das zur Verfügung steht.
Entscheidungsprozess	Gute Entscheidungen werden nach der expliziten Festlegung der Ziele und aufgrund einer klaren Sicht des Umfeldes getroffen.	Gute Entscheidungen werden aufgrund einer eklektischen Nutzung von Modellen, Intuition, Erfahrung, Geschichten und empirischer Evidenz getroffen.
Anpassung	Das beste Ergebnis wird in einem bewussten Prozess der Maximierung erzielt.	Gute Ergebnisse werden durch eine kontinuierliche, häufig erfolglose, Anpassung an sich ändernde Verhältnisse erzielt.
Expertise	Experten haben ein Wissen, das andere nicht haben, sie denken und lernen allerdings häufig nur innerhalb ihrer mentalen Modelle.	Es werden Regeln festgelegt, die es erlauben, Lösungen zu finden. Vorsicht gegenüber Expertenmeinungen.
Führung	Ordnung ist das Ergebnis einer klaren Führung.	Eine Ordnung entsteht oft spontan.
Kohärenz	Der rationale Entscheidungsträger ist kohärent.	Kohärenz ist eine sekundäre und häufig gefährliche Tugend.
Prozessrationalität	Gute Entscheidungen sind das Produkt eines strukturierten und sorgfältigen Berechnungsprozesses.	Gute Entscheidungen sind das Ergebnis guter Urteilsfähigkeit und der Kenntnis der strategischen Absichten der Unternehmensleitung.

Abb. 3.10 Der direkte und indirekte Führungsansatz (in Anlehnung an Kay, 2011)

3.6 Durch Strategisches Pricing den Unternehmenswert nachhaltig steigern

Strategische Absichten sind, wie erwähnt, Richtlinien für selbständiges, dezentralisiertes Weiterdenken, Weiterentwickeln der Strategie und entsprechendes Handeln der Führungskräfte. „Managers must rely on the self-organizing properties of their companies. The critical issues are how they can select the structures, systems and management styles that will allow these self-organizing properties to generate the best outcomes."[14]

Strategisches Pricing soll als Beispiel für Führen mit strategischer Teilhabe dienen.

Strategisches Pricing betrifft das Verhältnis zwischen Kundenwert und Kosten und ist somit ein zentrales Element der Strategie. Eine Offensivstrate-

---

[14] R.M. Grant u. J. Jordan, Foundations of Strategy, a.a.O., S. 472.

gie, die hohe Investitionen in Forschung und Entwicklung, in die Produktionsüberführung und in Marketing verlangt, braucht andere Preisüberlegungen als eine Defensivstrategie, die auf das Halten einer führenden Wettbewerbsposition mit geringen Investitionen gerichtet ist.

Gutes Pricing, das in Einklang mit der Strategie steht, ist selten. Empirische Untersuchungen, eigene Forschungsergebnisse und persönliche Erfahrungen belegen, dass 80 Prozent der Unternehmen ihre Preise primär entweder mit Bezug auf die Konkurrenten oder auf der Basis von Kosten bestimmen. Nur etwa 15 Prozent der Unternehmen bestimmen ihre Preise nach dem Wert, den ihre Produkte und Dienstleistungen beim Kunden schaffen.

Preisnachlässe bei General Electric
Preisnachlässe sind ein potentielles schwarzes Loch in der Berechnung des Umsatzwachstums. Jeff Immelt war erstaunt, als er entdeckte, welchen Preis-Spielraum die Handelsvertreter von GE hatten. „Vor kurzem" bemerkte er, „untersuchte ein Mitarbeiter namens Dave McCalpin unsere Preise bei den Haushaltsgeräten; er fand heraus, dass etwa 5 Mrd. Dollar davon in deren freiem Ermessen gestellt waren. Hier steht viel auf dem Spiel, wenn man alle Entscheidungen der Handelsvertreter berücksichtigt, die sie selbst treffen können. Es war dies die erstaunlichste Zahl, die ich je gehört hatte, und das nur im Bereich der Haushaltsgeräte. Extrapoliert man diese Zahl über alle Geschäftseinheiten, könnten etwa 50 Mrd. Dollar herauskommen, über die wenige Leute verfügen und für die sie verantwortlich sind. Wir würden so etwas niemals auf der Kostenseite erlauben. Die Preise, die wir bezahlen, studieren wir, wir halten sie fest und wir arbeiten daran. Bei den Preisen jedoch, die wir verlangen, sind wir zu nachlässig."
Quelle: J. Hope u. St. Player, Beyond Performance Management, a. a. O., S. 135

Die strategische Absicht der Unternehmensleitung lässt sich auf die Frage reduzieren: „Wie können wir durch Schaffung von zusätzlichem Kundennutzen und Kundenwert die Zahlungsbereitschaft der Kunden trotz intensivem Wettbewerb erhöhen?" Im Folgenden werden vier Verfahren vorgestellt, mit denen die Unternehmensleitung entsprechende Aktionspläne zur Optimierung der Preispolitik ausarbeiten lassen kann:[15]

1. die Pricing Capability-Matrix,
2. die Preis-/Kundenwert-Matrix,
3. die Bestimmung des kritischen Preises über den Lebenszyklus des Projektes, des Produktes oder der Dienstleistung und
4. die Preisgestaltung auf der Grundlage von Erfahrungskurven.

---

[15] Siehe hierzu ausführlich M. Johansson, N. Halberg, A. Hinterhuber, M. Zbaracki u. St. Liozu, Pricing strategies and pricing capabilities, in: Journal of Revenue and Pricing Management 11, January 2012, S. 4–11; in der selben Nummer siehe auch St. Liozu, A. Hinterhuber, R. Boland u. Sh. Perelli: The conceptualization of value-based pricing in industrial firms, in: Journal of Revenue and Pricing Management 11, January 2012, S. 12–34.

Die Schließung der Lücke zwischen Strategie und Aktionsplänen. Die Planungslücke

Apple fragt seine Kunden nicht

Wenn der Technologie-Gigant Apple ein neues Produkt oder auch nur eine neue Version eines bestehenden vorstellt, dann ist das ein von einer breiten Öffentlichkeit mit Spannung erwartetes Ereignis – wie am Dienstag, als die neueste Ausgabe des Smartphones iPhone präsentiert wurde. Das ist aussergewöhnlich – von neuen Fernsehern oder auch Smartphones anderer Hersteller wird in der Regel kaum Notiz genommen. Warum aber macht Apple regelmässig Schlagzeilen?

Bisher hat es das Unternehmen aus dem kalifornischen Cupertino geschafft, nicht nur mit dem iPhone und dem Tabletcomputer iPad ganz neue Produktkategorien zu prägen, sondern jede neue Version hat die vorhergehende in puncto Design, Leistungsfähigkeit und Benutzerfreundlichkeit meist bei weitem übertroffen. Ob das bei der nun vorgestellten neuen iPhone-Version auch so ist, muss sich noch zeigen. Erstmals scheint das Plus eher in der Software als im Design zu liegen. Das Aussergewöhnliche ist jedenfalls normalerweise bei Apple das Normale. Es scheint ihn bei Apple nicht zu geben, diesen Punkt, an dem die hohen und immer höher werdenden Erwartungen die Möglichkeiten des Konzerns übersteigen. Das Erfolgsrezept: Die Verbraucher werden nicht in die Produkt(weiter)entwicklung mit einbezogen. Die Begründung: Ihnen fehle die Vorstellungskraft für das Unvorstellbare. Für Apple wiederum steht bei jeder Präsentation viel auf dem Spiel. So ist das iPhone der Bestseller des an der Börse mit rund 345 Mrd. $ bewerteten Konzerns, der im vergangenen Quartal mit dem Smartphone fast die Hälfte des Umsatzes erwirtschaftete. Seit der Lancierung 2007 sind 128 Mio. Stück verkauft worden; laut Prognosen gehen allein im vierten Quartal 2011 nochmals 25 Mio. Geräte über den Ladentisch. Es ist dem iPhone – und in geringerem Ausmass auch dem iPad – zu verdanken, dass die Apple-Aktie die Wirren an den Finanzmärkten und den Rücktritt des Firmengründers und CEO Steve Jobs mit einem Kursplus von 16 % im laufenden Jahr gemeistert hat.

Quelle: NZZ, Nr. 233, 6. Oktober 2011

Strategisches Pricing auf der Grundlage der Pricing Capability-Matrix

Die Pricing Capability-Matrix ist in Abbildung 3.11 dargestellt.[16] Sie zeigt ein strukturiertes Vorgehen und gibt eine Richtung vor, in die sich die Führungskräfte aus unterschiedlichen Bereichen bewegen sollen, um die Preise in der „Pricing Power Zone" zu gestalten. Bereits kleine Änderungen in den Preisen können die nachhaltige Profitabilität eines Unternehmens um 20–50 Prozent erhöhen oder senken.

	Weak	Medium	Strong
Customer value-based pricing	Value surrender zone		Pricing power zone
Competition-based pricing		Zone of good intentions	
Cost-based pricing	White flag zone		Price capture zone

Price orientation (y-axis) / Price realization (x-axis)

Abb. 3.11 Die Pricing Capability-Matrix (Quelle: Hinterhuber/Liozu, 2012)

Die *Preis-/Kundenwert-Matrix* ist beispielhaft in Abbildung 3.12 dargestellt. Sie gibt Anregungen, wie der Bereich eines für den Kunden verteilhaften Verhältnisses zwischen Kundenwert und Preis von dem eines nachhaltigen Verhältnisses zwischen Kundenwert und Preis getrennt werden kann.[17]

Das Ziel ist, Aktionspläne ausarbeiten zu lassen, um eine Produktlinie in ein vorteilhaftes Kundenwert-/Preisverhältnis zu bringen.

---

[16] Siehe im Einzelnen A. Hinterhuber u. St. Liozu: Is It Time to Rethink Your Pricing Strategy? in: MIT Sloan Management Review 53, No. 4, 2012, S. 69–77.

[17] Siehe dazu ausführlich A. Hinterhuber u. St. Liozu (Hrsg.): Special Issue: Strategic B2B Pricing, Journal of Revenue and Pricing Management 11, January 2012 und das ebenfalls von diesen Autoren herausgegebene Buch: Innovation in Pricing, London 2013.

Die Schließung der Lücke zwischen Strategie und Aktionsplänen. Die Planungslücke

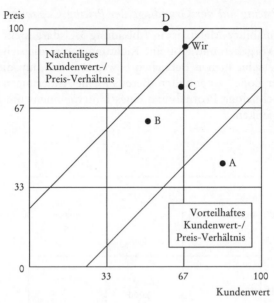

Abb. 3.12 Die Preis-/Kundenwert-Matrix

Die Qualität ist wichtiger als der Preis

Der starke Aufwärtstrend des Schweizerfrankens macht es seit längerem wieder deutlich. Wer aus der Schweiz exportieren will, der versuche besser nicht, sich über den Preis zu differenzieren, denn die Chancen, mit dem Franken als Heimwährung längerfristig Preisvorteile zu gewinnen, sind gering. Besser ist es, sich über Qualität, Exklusivität, Tradition und Technologie abzuheben. Spezialisierte Produkte, eine höhere Produktqualität oder exklusive Serviceleistungen machen es in der Regel nicht nur möglich, höhere Preise zu erzielen, sondern erlauben es auch, sich kurz- bis mittelfristig etwas vom Preiswettbewerb zu distanzieren. Die Schweizer Exportwirtschaft hat dies verstanden, wie eine Branchenstudie der Credit Suisse zeigt. Die Untersuchung hat ergeben, dass 63 % der Schweizer Exporte nicht primär im Preiswettbewerb zur ausländischen Konkurrenz stehen, sondern im Wettstreit um Qualität.

Vor zwanzig Jahren waren es erst 50 % gewesen. Ebenfalls gezeigt wird, dass diese Strategie in der Regel aufgeht: Nur 6 % der Güter, die im Qualitätswettbewerb stehen, verfügen nicht über Qualitätsvorteile. Bei den Gütern, die im Preiswettbewerb stehen, sind die Verhältnisse genau umgekehrt. Dort liegt der Preisvorteil gemäss CS in 90 % der Fälle beim Ausland, was bestätige, dass die Schweiz im Preiswettbewerb weniger konkurrenzfähig sei. Der starke Fokus der Schweizer Exportwirtschaft auf Qualität hat mit den Strategien der „Exportschwergewichte" Pharma, Uhren, Maschinenbau sowie Mess- und Kontrollinstrumente zu tun. Bei diesen Branchen liegt der Anteil

von Gütern, die im Qualitätswettbewerb stehen, zwischen 75 % (Maschinenbau) und 100 % (Mess- und Kontrollinstrumente). Einen leicht höheren Anteil an Qualitätsvorteilen haben die CS-Ökonomen nur in Deutschland gefunden, was dort dem Maschinen- und dem Fahrzeugbau zu verdanken ist. Die britische oder auch die US-Exportindustrie setzen hingegen viel stärker auf Preisvorteile, obschon sie diese – trotz weniger starken Währungen – oft auch nicht haben.
Quelle: NZZ, Nr. 83, 8. April 2011, S. 10

Die Bestimmung des kritischen Preises

Die strikte Orientierung der Preise an den Kosten widerspricht, wie die Ausführungen über Kundenwert versus Kosten zeigen, der ökonomischen Logik. Bei langfristigen Investitionsprojekten ist jedoch eine Orientierung der Preispolitik an den Kosten unabdingbar. In der Erdölindustrie, in der die Investitionen in Exploration, Produktion, Pipelines und Verarbeitung Zeithorizonte von 20 und mehr Jahren verlangen, aber auch in anderen Branchen mit Projekten oder Produkten mit langen Lebenszyklen, ist die strategische Absicht häufig die, den kritischen Preis zu bestimmen, der erzielt werden muss, damit sich die Investitionen rechnen. Kann mit einem höheren erzielbaren Preis im Markt gerechnet werden, ist das Projekt zweckmäßig, andernfalls wird es abgelehnt.

Ein Beispiel: Ein Erdölunternehmen plant eine Erdgas-Pipeline von A nach B. Die strategische Absicht des CEO ist, über einen Zeitraum von 25 Jahren einen internen Zinssatz von 20 Prozent/Jahr nach Steuern zu erwirtschaften. Daraus resultiert der Auftrag an seine Ingenieure, Preisober- und -untergrenzen für unterschiedliche Transportmengen pro Jahr und für unterschiedliche Kombinationen aus Investitions- und Betriebsausgaben pro Jahr zu bestimmen. Diese Preisbestimmung für unterschiedliche Szenarien dient als Grundlage für Verhandlungen.

Lösungsansatz: Die Ingenieure benutzen das in Abbildung 3.13 dargestellte Verfahren.[18] Der kritische Preis ist der Preis, der erzielt werden muss, wenn das Unternehmen alle anfallenden Investitionsausgaben über den Zeithorizont von 25 Jahren mit den Überschüssen der erwarteten Einnahmen über Betriebsausgaben und Steuern zurückgewinnen und zum internen Zinssatz von 20 Prozent/Jahr verzinsen will. Abbildung 3.14 gibt beispielhaft die Variationsbreite a) des Preises bei unterschiedlichen Szenarien für einen internen Zinssatz von 20 Prozent/Jahr und b) des internen Zinssatzes für einen angenommenen Preis von 4,0 $/t und 1.000 km an.

---

[18] Nähere Hinweise zu diesem Verfahren finden sich in meinem Buch: Strategische Unternehmungsführung, Band II, a. a. O., S. 31 ff.

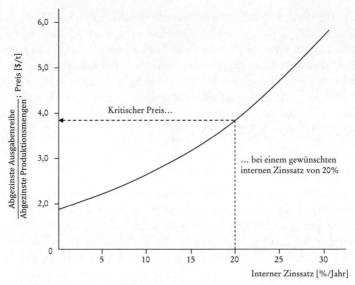

Abb. 3.13 Die Bestimmung des kritischen Preises über die Lebensdauer eines Projektes (Quelle: Hinterhuber, 2004)

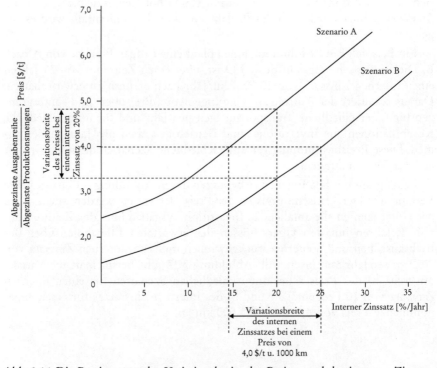

Abb. 3.14 Die Bestimmung der Variationsbreite des Preises und des internen Zinssatzes für verschiedene Szenarien (Quelle: Hinterhuber, 2004)

Hochpreis- und Markenpolitik in einer „emergent economy" –
Der Fall Trung Nguyên

Die Franzosen bauten im 19. Jhd. in Vietnam Kaffee an. 100 Jahre später ist Vietnam eines der drei größten Anbaugebiete von Kaffee in der Welt.

Der Großteil der Kaffeebohnen war von schlechter Qualität und wurde zu Niedrigpreisen im Ausland verkauft. Der vietnamesisch-amerikanische Unternehmer Dang Le Nguyen Vu erkennt Mitte der 1990er Jahre das Potenzial, das die Kaffeeproduktion in Vietnam hat und startet Trung Nguyên, das Kaffee erzeugt und in eigenen Cafés anbietet.

Vietnam ist ein „emergent market". Das Pro-Kopf-Einkommen im Jahr 1995 betrug 250 US $, heute hat es sich verfünffacht. Diese Entwicklung ermutigt Herrn Vu, eine Luxusmarke zu entwickeln und den Kaffee zu hohen Preisen im In- und Ausland anzubieten.

Dazu muss er zuerst die Kunden im Inlandsmarkt überzeugen, dass der teure Kaffee einen Mehrwert bietet, gleichzeitig auch den ausländischen Kaffeetrinkern klar machen, dass Vietnam einen Spitzenkaffee herstellen kann.

Herr Vu baut eine Kette von Cafés nach Art von Starbucks auf, in denen Kaffeebohnen für den Heimkonsum angeboten werden. Er plant sorgfältig die Markenpolitik, in dem er sich von Nescafé dadurch abhebt, dass er sich auf die vietnamesische Tradition des Kaffeetrinkens beruft. Ein Trung-Nguyên-Museum erzählt die Geschichte der Herstellung von Kaffee in Vietnam.

Eines der bekanntesten Produkte von Trung Nguyên ist „Kopi Luwak", der Zibetkaffee, der aus Kaffeebohnen hergestellt wird, die den Verdauungtrakt einer Zibetkatze durchlaufen haben. Die Vermarktung dieser teuren Delikatesse, die es nur in Südasien gibt, verbindet Trung Nguyên mit der vietnamesischen Kaffeetradition. Im Zentrum der Markenpolitik steht die Kombination aus Modernität und kulturellem Erbe, der Slogan „Kreativität in den Kaffee bringen" suggeriert Innovation.

Die Hochpreispolitik entspricht den Erwartungen der vietnamesischen Kaffeetrinker. Die aufstrebende Mittelschicht trifft sich in den Trung Nguyên Cafés. 2010 gibt es mehr als 1000 Cafés in Vietnam, in denen auch Pulverkaffee und koffeinfreier Kaffee angeboten wird.

Herr Vu verfolgt gleichzeitig die Strategie eines „born global", in dem er Cafés in über 40 Staaten, darunter die USA und England, errichtet. Die Zielgruppe sind Kaffeetrinker, die an einem exotischen Kaffee interessiert sind oder diesen Kaffee in Vietnam schätzen gelernt haben. Der Kaffee wird hauptsächlich online über Franchise-Nehmer verkauft. Der Absatz im Ausland ist klein im Vergleich zu dem in Vietnam. Die Herausforderung für Trung Nguyên besteht heute darin, Exportmärkte aufzubauen, um profitabel wachsen zu können. Der Wettbewerb auf dem Kaffeemarkt wird härter.

Die Fallstudie zeigt, dass auch in einem „emergent market" eine Luxusmarke mit einer Hochpreispolitik aufgebaut werden kann. Voraussetzung ist, dass

> nationale Kulturwerte angesprochen werden und dass eine Marke aufgebaut wird, mit der sich eine aufstrebende Mittelschicht identifizieren kann.
> Quelle: Morgen Witzel, Trung Nguyên coffee, Financial Times, April 28, 2011, S. 10

Strategisches Pricing auf der Grundlage von Erfahrungskurven

In vielen Unternehmen kann damit gerechnet werden, dass jede Verdoppelung der im Zeitablauf kumulierten Mengen die auf die Wertschöpfung bezogene und in konstanten Geldeinheiten ausgedrückten Stückkosten auf 70 %, 80 % oder 90 % des Ausgangswertes senkt (70 %-, 80 %- oder 90 %-Erfahrungskurve), unter der Voraussetzung, dass eine effiziente Unternehmensleitung alle Rationalisierungs- und Kosteneinsparungsmöglichkeiten sowie Innovationsmöglichkeiten in allen Unternehmensteilen und bei Lieferanten nutzt (Abbildung 3.15).[19]

In der Zulieferbranche, vor allem dann, wenn der Abnehmer eine dominierende Marktstellung hat, dienen Erfahrungskurven der Preisgestaltung. Der Abnehmer kennt in der Regel die Struktur, die Prozesse und die Kosten des Zulieferanten; er kann auch die Neigung der Erfahrungskurve abschätzen, auf der sich der Zulieferant mit wachsenden Produktionsmengen bewegt.

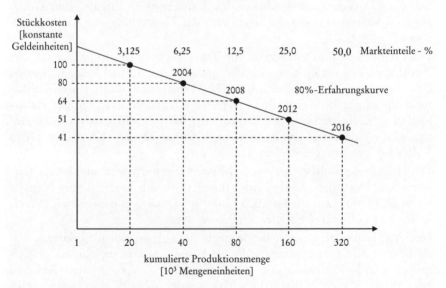

Abb. 3.15 Die Logik der Erfahrungskurve

---

[19] Zu den Erfahrungskurven siehe mein Buch: Strategische Unternehmungsführung, Band II, a.a.O., S.34ff.

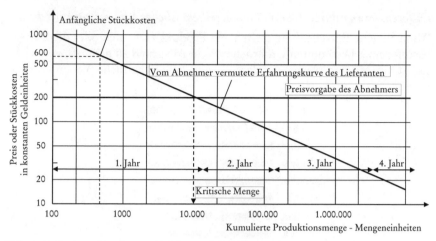

Abb. 3.16 Preis auf Basis von Erfahrungskurven

Der Abnehmer vereinbart mit dem Zulieferanten ein bestimmtes, über mehrere Jahre sich erstreckendes Auftragsvolumen; der Preis, den er dem Zulieferanten anbietet, liegt unter dessen Stückkosten (Abbildung 3.16). Er geht davon aus, dass der Lieferant in der Lage ist, seine Stückkosten auf einer bestimmten Erfahrungskurve zu senken.

Wenn der Lieferant den Vertrag akzeptiert, macht er anfangs, bis zu einer bestimmten, berechenbaren kumulierten Produktionsmenge, Verluste. Er wird den Vertrag allerdings nur dann unterzeichnen, wenn er 1) sicher ist, die unterstellte Erfahrungskurve auch einhalten zu können und 2) davon ausgehen kann, dass er ab der kritischen Menge, bei der die Preisvorgabe des Abnehmers seine Stückkosten deckt, bis zum Vertragsende einen Gewinn erwirtschaften kann, der die anfänglichen Verluste kompensiert.

Die Preisverhandlungen zwischen Abnehmer und Zulieferunternehmen erfolgen somit auf der Grundlage von Erfahrungskurven. Der Zulieferer tut gut daran, mit zwei Szenarien zu arbeiten, eines für den schlimmsten Fall, falls er nicht in der Lage sein sollte, die Kosten entsprechend seiner geplanten Erfahrungskurve zu senken, und eines für den erwarteten Lauf der Dinge.

Der Abnehmer hat allerdings in der Regel kein Interesse, unter Ausnützung seiner monopolähnlichen Situation das Überleben des Lieferanten zu gefährden. Das Ergebnis kann allerdings nicht mit Sicherheit vorausgesagt werden. Die Strategie des Lieferanten muss deshalb wie jede gute Strategie ein Moment der Überraschung enthalten. Wenn dies der Fall ist, kann der Abnehmer einen wirklich kreativen Zulieferer nicht schlagen. Ein kreativer Stratege, so der Schweizer Psychologe Gottlieb Guntern, kann nur von einem Strategen besiegt werden, der noch kreativer ist.

Die Schließung der Lücke zwischen Strategie und Aktionsplänen. Die Planungslücke

Differenzierung durch Übernahme gesellschaftlicher Verantwortung

Wenn Sie eine Entscheidung treffen, ein Produkt zu kaufen oder die Dienstleistung eines bestimmten Unternehmens in Anspruch zu nehmen, wie wichtig ist für Sie der Nachweis, dass es eine gesellschaftliche Verantwortung trägt?

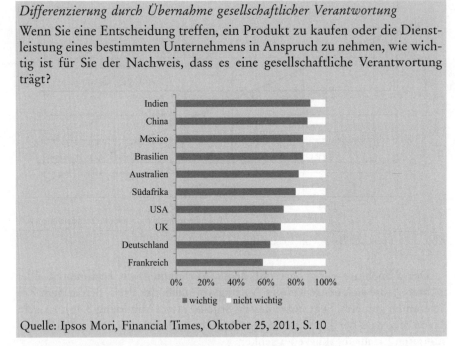

Quelle: Ipsos Mori, Financial Times, Oktober 25, 2011, S. 10

Preisentscheidungen sind, zusammenfassend, strategische Entscheidungen. Sie bestimmen die nachhaltige Wertsteigerung des Unternehmens.

3.7 Mit Innovation Excellence die Konkurrenten distanzieren[20]

Die strategische Absicht eines Unternehmers ist, die Innovationsrate von 30 auf 50 Prozent zu erhöhen; d.h. in fünf Jahren soll das Unternehmen 50 Prozent des Umsatzes (oder des gesamten Deckungsbeitrages) mit Produkten erzielen, die heute in der Pipeline sind oder erst entwickelt werden oder zugekauft werden müssen. Er erklärt diese Absicht im Unternehmen unter der Bezeichnung „Innovation Excellence" zur Chefsache.

Innovationen lassen sich nicht managen (Abbildung 3.17). Innovationen verlangen Freiheitsräume, Disziplin, Kreativität und Zeit. Google, 3M, Procter & Gamble und viele andere innovative Unternehmen erlauben ihren Mitarbeitern etwa einen Tag pro Woche an eigenen innovativen Projekten zu arbeiten. Voraussetzung dafür ist allerdings, dass die Mitarbeiter die Strategien und Aktionspläne des Unternehmens kennen und sich auf der Linie der Interessen des Unternehmens bewegen. Die Aufgabe der obersten Führungskräfte

---

[20] Die Ausführungen beruhen auf meiner Arbeit: Erfolgsfaktoren für Innovation Excellence, in: S. Ili (Hrsg.): Innovation Excellence: Wie Unternehmen ihre Innovationsfähigkeit systematisch steigern, Düsseldorf 2012, S. 63–84.

ist zu entscheiden, wann und warum kreative Projekte abgebrochen werden sollen. Unternehmen brauchen eine Führungskultur, die:

1. die Mitarbeiter ermutigt, die Innovationstätigkeit rigoros an den Bedürfnissen der Kunden auszurichten,
2. den Mitarbeitern die Freiheit gibt, selbst Themen zu wählen, die allerdings auf der Linie der Strategien liegen,
3. Experimentieren zulässt, erfolgloses, aber gut konzipiertes Experimentieren nicht bestraft.

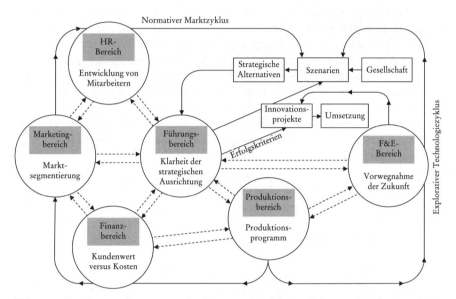

Abb. 3.17 Der Innovationsprozess im Zusammenspiel von Führung, Marketing, F&E, Produktion, HR-Politik und Finanzierung (Hinterhuber, 2012)

Soll ein Unternehmer einen Prototyp vorzeitig ankündigen?

Aggressive Pre-Announcements können ein Unternehmen in rechtliche Schwierigkeiten bringen, wenn nachgewiesen werden kann, dass eine nichtwettbewerbskonforme Absicht dahintersteht und Konkurrenten dadurch zu Schaden kommen. Sie können aber auch einen Vorsprung in einem neuen Produktbereich bekanntmachen und dadurch den Gewinn des Unternehmens erhöhen.

Die Versuchung, einen Prototyp vorzeitig anzukündigen, kann auch dadurch ausgelöst werden, dass die Unternehmensleitung den Aktienkurs – wenigstens kurzfristig – erhöhen will. Diese Versuchung ist umso stärker, je größer die Anreize für die Unternehmensleitung sind, kurzfristig den Wert des Unternehmens zu erhöhen. Untersuchungen belegen das.

Quelle: A. Hill, Perils of declaring your next revolution, Financial Times, July 31, 2012, S. 10

Marktforschung und Fokusgruppen gehen nicht auf den Kontext ein, in dem die Kunden arbeiten. Die Kunden wissen häufig selbst nicht, welche Lösungen für sie am zweckmäßigsten sind. Ein indischer Unternehmer z.B., der Wasserreinigungssysteme entwickelt und herstellt, besucht die Frauen in ihren Dörfern, um herauszufinden, wie sie wirklich das Wasser nutzen. Das Beispiel zeigt, dass es im Innovationsprozess darum geht, über persönliche Kontakte und mit Hilfe der sozialen Medien möglichst früh und gründlich mit den Kunden in deren Interesse zu interagieren.

Empirische Untersuchungen zeigen, dass kleine, flexible, aus unternehmerisch denkenden Mitarbeitern unterschiedlich zusammengesetzte Teams mehr konkrete, umsetzbare Ideen hervorbringen als hierarchische Strukturen. „Hybride Organisationen", die Begegnungsräume für Mitarbeiter schaffen, Barrieren zwischen Abteilungen aufbrechen, den Wissensaustausch fördern und belohnen, ermöglichen „frisches Denken", das einen Mehrwert für die Kunden schafft. Dieses „frische Denken" bezieht sich nicht nur auf neue Technologien, Produkte und Prozesse, sondern auch auf die damit verbundenen Dienstleistungen, auf neue Wege, wie Dienstleistungen konzipiert, bereitgestellt und verkauft werden bis hin zu neuen Strategien und Geschäftsmodellen des Unternehmens.

Innovation Excellence hängt davon ab, wie die Ressourcen des Unternehmens den Strategien der einzelnen Strategischen Geschäftseinheiten und den jeweiligen Zielen der Innovationstätigkeit zugeteilt werden. Abbildung 3.18 veranschaulicht eine in der Praxis erprobte Vorgehensweise. Eine Strategische Geschäftseinheit hat drei Strategien, zwischen denen sie sich für eine entscheiden muss:

1. Vorwärts: *Offensiv- und/oder Investitions-/Wachstumsstrategien*, mit denen in einer mittel- bis langfristigen Perspektive eine führende Marktposition eingenommen und der Wert der Strategischen Geschäftseinheit nachhaltig erhöht werden kann.
2. Halten: *Defensivstrategien*, die auf eine nachhaltige Verteidigung führender Wettbewerbspositionen und somit auf das Nutzen bestehender Gewinnpotenziale gerichtet sind.
3. Rückwärts: *Desinvestitionsstrategien*, wenn die Strategischen Geschäftseinheiten mit ihren Produktlinien und Dienstleistungen weder zur kurzfristigen noch zur mittel- bis langfristigen Wertsteigerung beitragen, keine Kernkompetenzen des Unternehmens nutzen und deshalb aufgelassen werden müssen. Der Rückzug kann strategisch oder taktisch sein. Beim *strategischen Rückzug* gibt das Unternehmen eine Geschäftseinheit auf, um mit den freigesetzten Ressourcen innovativ neue, wertsteigernde Marksegmente zu erschließen. Der taktische Rückzug baut nichts Neues auf und bringt nur Zeitgewinn. Wird der Zeitgewinn nicht genützt, führt der taktische Rückzug zum Untergang der Strategischen Geschäftseinheit.

Das Unternehmen kann seine verfügbaren Ressourcen für unterschiedliche Ziele einsetzen: neue Produkte und Dienstleistungen sowie neue Verfahren, die die Spielregeln im Markt verändern und neue Märkte erschließen, verbesserte Produkte und Dienstleistungen sowie Verfahren, mit denen das Unternehmen auf den bestehenden Märkten noch erfolgreicher ist, orientierte Grundlagenforschung und Aufbau von Know-how, um neue Möglichkeiten zu explorieren, schließlich neue Organisationsformen. Weist man, wie in Abbildung 3.18 gezeigt, die verfügbaren Ressourcen den Strategien der Geschäftseinheiten und den Zielen der Innovationstätigkeiten zu, können z.B. die folgenden Fragen beantwortet werden:

1. Trägt die gegenwärtige Allokation der Ressourcen zur nachhaltigen Wertsteigerung des Unternehmens bei? Wenn nicht, wie sollte die entsprechende Allokation der Ressourcen sein? Sollen wirklich 40 Prozent der verfügbaren Ressourcen für neue Produkte und Dienstleistungen eingesetzt werden?
2. Besteht eine strategische sinnvolle Balance zwischen Offensiv- und Defensivstrategien? Wie sollte sie aussehen? Was rechtfertigt es, Ressourcen Desinvestitionsstrategien zur Verfügung zu stellen?
3. Erlauben die Cash-flow-Überschüsse der Defensivstrategien in ausreichendem Maß zur Finanzierung der Offensivstrategien beizutragen?
4. Schließt die Allokation der Ressourcen ein Scheitern des Unternehmens aus (Risk Assessment)?

Strategien	Ziele						
	Neue Produkte/ Dienstleistungen	Neue Verfahren	Verbesserte Produkte/ Dienstleistungen	Verbesserte Verfahren	Orientierte Grundlagenforschung/Aufbau von Know-how	Neue verbesserte Organisationssysteme	Gesamt
Offensivstrategien Business Unit A Business Unit C Business Unit E	40%	-	5%	-	5%	5%	55%
Defensivstrategien Business Unit B Business Unit D	-	10%	15%	5%	-	5%	35%
Desinvestitionsstrategien Business Unit F Business Unit G	-	-	5%	-	5%	-	10%
Summe	40%	10%	25%	5%	10%	10%	100%

Trägt diese Allokation der Ressourcen zur nachhaltigen Wertsteigerung des Unternehmens bei?

Ist dieses Verhältnis zwischen den Strategien/Business Units sinnvoll?

Abb. 3.18 Die Allokation der Ressourcen für Innovation Excellence (Beispiel)

Die Schließung der Lücke zwischen Strategie und Aktionsplänen. Die Planungslücke

Wenn ein Unternehmen Innovation Excellence erreichen will, muss es die richtigen Prioritäten setzen.

Der Kauf von Patenten als Wettbewerbsfaktor
Der amerikanische Internetkonzern Google Inc. kauft im Jahr 2012 für 12,5 Milliarden Dollar in bar den traditionsreichen amerikanischen Handyhersteller Motorola Mobility Holdings Inc. Mit dieser Akquisition steigt Google, das bislang vor allem im Software-Geschäft mit dem Betriebssystem Android vertreten ist, in den Handymarkt ein. Google wird zu einem Hersteller von Mobiltelefonen und Tabletcomputern wie das iPad.

Motorola war einst Weltmarktführer bei Mobiltelefonen, heute ist das Unternehmen ein Nischenanbieter. Motorola verfügt jedoch über ein reichhaltiges Portfolio von über 17.000 Patenten. Patente werden im Geschäft mit Smartphones und Tablets zu einem immer wichtigeren Instrument im Wettbewerb. Die amerikanischen Kartellbehörden prüfen diese Übernahme. Google lebt vor allem von der gleichnamigen Suchmaschine. Mit seiner Software Android macht Google keine direkten Umsätze, weil die Software kostenlos an eine Reihe von Handyherstellern abgegeben wird. Da die Nutzer von Android-Handys die Suchmaschine von Google häufiger verwenden, hofft Google auf zusätzliche Werbeeinnahmen. Der Marktanteil von Android-Handys liegt bei 43 Prozent des Smartphone-Weltmarktes.

Die Motorola-Übernahme scheint einer Defensivstrategie zu folgen, mit der Google sein Android-Geschäft schützen will.
Quelle: FAZ, Nr. 189, 16. August 2011, S. 9 und S. 12

Wie ein Unternehmen für innovative Höchstleistungen aufgestellt ist, hängt von zwei Faktoren ab:[21]
1. Qualität der Organisation und
2. finanzieller Spielraum des Unternehmens.

Abbildung 3.19 zeigt den Bereich von Innovation Excellence anhand dieser beiden Kriterien.

Führen mit strategischer Teilhabe heißt, 1) eine Qualität der Organisation und 2) einen finanziellen Spielraum schaffen, die Innovationen zulassen.

Die Qualität der Organisation lässt sich anhand von vier Kriterien messen: Führung/Leadership, die richtigen Mitarbeiter, Strategie und taktische Maßnahmen mit rasch spürbaren Wirkungen/Umsetzung (Abb. 3.20 und Abb. 3.21).

---

[21] Siehe A. de Waal u. E. Mollema, Six courses of action to survive and thrive in a crisis, in: Business Strategy Series 11, No. 5, 2010, S. 333–339.

Mit Innovation Excellence die Konkurrenten distanzieren

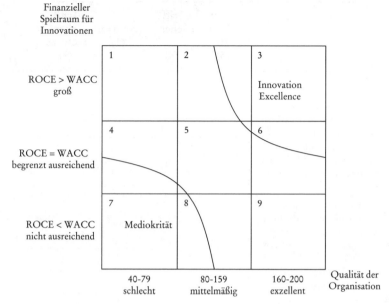

Abb. 3.19 Innovation Excellence als Ergebnis exzellenter Qualität der Organisation und großem finanziellem Spielraum (in Anlehnung an de Waal/Molleman, 2010)

	Trifft völlig zu (5)	Trifft eher zu (4)	Neutral (3)	Trifft eher nicht zu (2)	Trifft überhaupt nicht zu (1)
Führung Das Führungsteam … 1. ist offen für neue Möglichkeiten und deren Umsetzung.	5	4	3	2	1
2. gibt eine Richtung vor, die Sinn macht.	5	4	3	2	1
3. vereinbart herausfordernde Ziele und Rahmenbedingungen mit den Mitarbeitenden.	5	4	3	2	1
4. lebt die Werte, die es predigt.	5	4	3	2	1
5. schafft Werte für alle strategischen Stakeholder.	5	4	3	2	1

Die Schließung der Lücke zwischen Strategie und Aktionsplänen. Die Planungslücke

	Trifft völlig zu (5)	Trifft eher zu (4)	Neutral (3)	Trifft eher nicht zu (2)	Trifft überhaupt nicht zu (1)
Führung Das Führungsteam ... 6. inspiriert die Mitarbeitenden, im Interesse des Unternehmens mitzudenken und mitzuhandeln und über ihr persönliches Eigeninteresse hinauszugehen.	5	4	3	2	1
7. schafft innovationsfördernde Rahmenbedingungen, die es den Mitarbeitern erlauben, kreativ auf neuen Wegen Probleme zu lösen und neue Möglichkeiten zu erschließen.	5	4	3	2	1
8. zeigt Wertschätzung für die, durch deren Engagement das Unternehmen sein Überleben nachhaltig sichert und seinen Kernauftrag erfüllt.	5	4	3	2	1
9. belohnt erfolgreiche Innovationsbemühungen, bestraft erfolglose, aber gut konzipierte Innovationsbemühungen nicht.	5	4	3	2	1
10. bietet den Mitarbeitenden die Möglichkeit, in ihren Aufgaben zu wachsen und sich weiterzuentwickeln.	5	4	3	2	1
Die richtigen Mitarbeiter 1. Die Führungswerte sind klar definiert und werden von oben nach unten und von innen nach außen gelebt und vorgelebt.	5	4	3	2	1
2. Die Mitarbeiter denken nicht, dass sie einen Job haben. Sie haben eine Verantwortung.	5	4	3	2	1

	Trifft völlig zu (5)	Trifft eher zu (4)	Neutral (3)	Trifft eher nicht zu (2)	Trifft überhaupt nicht zu (1)
Die richtigen Mitarbeiter 3. Das Führungsverhalten der Vorgesetzten und die Zufrieden-heit der Mitarbeiter am Arbeitsplatz werden laufend gemessen. Entsprechende Maßnahmen werden getroffen.	5	4	3	2	1
4. Die Mitarbeitenden fühlen sich wohl am Arbeitsplatz und sind stolz auf das Unternehmen und auf das Führungsteam.	5	4	3	2	1
5. Das Führungsteam fördert organisationales Lernen auf allen Verantwortungsebenen.	5	4	3	2	1
6. Das Unternehmen belohnt und anerkennt die Mitarbeitenden, die die vereinbarten Ziele erreichen oder übertreffen und die Führungswerte leben und vorleben.	5	4	3	2	1
7. Das Unternehmen unterstützt das Engagement der Mitarbeitenden für Aufgaben im Dienst der Allgemeinheit.	5	4	3	2	1
8. Wirksames Führungsverhalten wird auf allen Verantwortungsebenen gefördert.	5	4	3	2	1
9. Das Unternehmen unterstützt die Mitarbeitenden in ihren Bemühungen, ihre Beschäftigungsfähigkeit zu erhöhen.	5	4	3	2	1
10. Gesellschaftliche Ereignisse werden geplant und Erfolge gefeiert.	5	4	3	2	1

Die Schließung der Lücke zwischen Strategie und Aktionsplänen. Die Planungslücke

	Trifft völlig zu (5)	Trifft eher zu (4)	Neutral (3)	Trifft eher nicht zu (2)	Trifft überhaupt nicht zu (1)
Strategie					
1. Die Wettbewerbsvorteile werden laufend weiterentwickelt.	5	4	3	2	1
2. Jede Führungskraft kann die Frage beantworten: „Wie werden wir im Markt gewinnen"?	5	4	3	2	1
3. Die Marktsegmentierung ist kundenorientiert und reflektiert die Stärken des Unternehmens.	5	4	3	2	1
4. Ein Produkt ist, was wir sagen, dass es ist. Wir bauen unsere Reputation immer auf Qualität und Integrität.	5	4	3	2	1
5. Das Marktsegment nützt eine Situation, deren Potenzial das Unternehmen erfolgreich in die Zukunft tragen kann.	5	4	3	2	1
6. Das Führungsteam weiß, welche Arten von Talenten benötigt werden, um neue Märkte zu erschließen.	5	4	3	2	1
7. Das Führungsteam weiß, welche Arten von Talenten benötigt werden, um in bestehenden Märkten noch erfolgreicher zu sein.	5	4	3	2	1
8. Das Unternehmen zieht die richtigen Talente an.	5	4	3	2	1
9. Die Geschäftseinheit schafft ausreichend Wert für die Kunden in den oben definierten Marktsegmenten, um nachhaltig profitabel zu sein.	5	4	3	2	1
10. Der Unterschied zwischen Kosten und Kundennutzen ist signifikant und nachhaltig positiv.	5	4	3	2	1

	Trifft völlig zu (5)	Trifft eher zu (4)	Neutral (3)	Trifft eher nicht zu (2)	Trifft überhaupt nicht zu (1)
Taktische Maßnahmen/ Umsetzung 1. Die disziplinierte Umsetzung der Aktionspläne in Übereinstimmung mit der Strategie ist ein Kernelement der Führungskultur.	5	4	3	2	1
2. Das Unternehmen ist eine Meritokratie. Die besten Mitarbeiter sind gerade gut genug.	5	4	3	2	1
3. Die Führungskräfte setzen klare Prioritäten und Ziele und stimmen die Aktionspläne untereinander ab.	5	4	3	2	1
4. Die Verantwortlichen für die Erreichung der Ziele sind klar identifiziert und werden für ihre Leistungen belohnt.	5	4	3	2	1
5. Die Preispolitik ist am Kundenwert orientiert.	5	4	3	2	1
6. Die Führungskräfte verfügen über Resilienz und emotionale Stärke, um auch unangenehme Entscheidungen wirksam zu kommunizieren und umzusetzen.	5	4	3	2	1
7. Organisation und Prozesse sind auf die Strategie abgestimmt und fördern innovatives Handeln.	5	4	3	2	1
8. Jede Geschäftseinheit verdient nachhaltig ihre Kapitalkosten.	5	4	3	2	1
9. Das Erfolgscontrolling ist ein Kernelement der Führung.	5	4	3	2	1
10. Das Kommunikationssystem fördert kritisches Denken und die Disziplin der Umsetzung.	5	4	3	2	1

Abb. 3.20 Die Bestimmung der Qualität der Organisation (modifiziert nach Kunstler, 2001)

Die Schließung der Lücke zwischen Strategie und Aktionsplänen. Die Planungslücke

Die Erfahrungen von Hinterhuber & Partners zeigen: Je höher die Punktzahl ist, desto besser ist die Qualität der Organisation und desto größer die Fähigkeit des Unternehmens, neue Produkte und Technologien zu erfinden und zu vermarkten und bestehende Produkte und Technologien zu verbessern. Abbildung 3.21 interpretiert die Ergebnisse der Beurteilung der Qualität der Organisation.

40–79:	Das Unternehmen bietet praktisch keine Möglichkeit, dass sich Kreativität und Produktivität entfalten.
80–159:	Das Führungsteam denkt eher kurzfristig, Kreativität und Produktivität werden geschätzt, jedoch nicht kohärent in Ergebnisse umgesetzt.
160–200:	Das Unternehmen ist nachhaltig kreativ und produktiv. Die Führungsqualität ist exzellent, die ideale Voraussetzung für Innovation.

Abb. 3.21 Interpretation der Ergebnisse

Für die Beurteilung des finanziellen Spielraums des Unternehmens gibt es eine Vielzahl von Kriterien: ROI, EBIT, Cash-flow, Wertsteigerung (EVA) und dgl. mehr. Empirische Untersuchungen und persönliche Erfahrungen zeigen, dass der am häufigsten verwendete Indikator die nachhaltige Wertsteigerung ist. Ein Unternehmen erhöht dann seinen Wert, wenn der Gewinn nach Steuern größer als die Kapitalkosten ist; oder anders ausgedrückt, wenn die Gesamtkapitalrendite (ROCE) höher als der Kapitalkostensatz (WACC) ist. Der Kapitalkostensatz in erfolgreichen Unternehmen liegt zwischen 8 und 12 Prozent. Ein Unternehmen erhöht also dann seinen Wert, wenn der Gewinn größer ist als das durchschnittlich investierte Kapital multipliziert mit dem Kapitalkostensatz oder, was das gleiche bedeutet, die Gesamtkapitalrendite (ROCE) größer als der Kapitalkostensatz (WACC) ist.

Der finanzielle Spielraum des Unternehmens ist:

- klein, wenn die Kapitalkosten nicht verdient werden oder die Gesamtkapitalrendite kleiner als der Kapitalkostensatz ist (ROCE < WACC)
- mittel, wenn das Unternehmen die Kapitalkosten verdient oder ROCE = WACC
- groß, je höher der Gewinn im Vergleich zu den Kapitalkosten ist oder ROCE > WACC.

Wie Kunden Firmen vorwärts bringen können
Im Aufschwung, der für viele Firmen überraschend schnell und stark eingesetzt hat, ist das Thema Innovation vielerorts ebenfalls rascher als erwartet zum zentralen Thema im Rennen um Marktpositionen geworden. Unternehmen, die sich in der Krise primär auf das Reduzieren von Kosten, das „Zurückfahren", konzentriert haben, stehen vor dem Problem, dass sie nun aus dem Stand heraus und in schwach trainiertem Zustand losrennen sollten. Gross sind deren Erfolgschancen nicht, denn um marktfähige Neuerungen herauszufinden, sind oft Antennen und Sonden nötig, die viel Erfahrung und

eine aufwendige „Feineinstellung" erfordern. In einem Arbeitspapier der Konjunkturforschungsstelle der ETH Zürich haben Spyros Arvanitis, Barbara Fuchs und Martin Woerter kürzlich untersucht, wie weit und auf welche Art die Interaktion mit der Kundenseite zum Innovationserfolg von Firmen beitragen kann.

Anhand einer Umfrage unter Liechtensteins Unternehmen wurden ähnliche Befunde anderer Studien bekräftigt, wonach Firmen, die auch in Kooperation mit externen Endkunden Neuerungen herauszufinden versuchen, erfolgreicher Innovationen vermarkten als deren Konkurrenten. Etwas offener ist die Frage, welche Interaktionsarten die Firmen am ehesten vorwärtsbringen. Soll man eher Kunden suchen, die an der Spitze der Entwicklung sind, als Spezialisten und „Profis" vorausdenken, ja sogar der Zeit voraus sind, oder soll man eher den Alltag der „normalen" Kunden studieren? Das Zweite scheint für Innovationen jedenfalls sehr wichtig zu sein. Dies erinnert an Aussagen, die auch in einzelnen Technologiefirmen zu hören sind: Es sei zwar wichtig, auf der Kundenseite in Kontakt mit den „Profis" zu sein, diese seien tonangebend – aber angesichts ihrer Grossprojekte und Konzernsicht eben oft auch risikoscheu und damit in gewisser Weise konservativ. Wer rasches bis hektisches Anpassen trainieren wolle, müsse sich auch den Wünschen und Launen von „Laien"-Konsumenten, etwa in der Unterhaltungselektronik, stellen.

Quelle: NZZ, Nr. 97, 27. April 2011, S. 8

Je nach Positionierung eines Unternehmens oder einer Strategischen Geschäftseinheit in Abbildung 3.19 (S. 113) lassen sich konkrete Maßnahmen ableiten, mit denen die Innovationsrate erhöht oder, im Falle von Innovation Excellence, gehalten werden kann:[22]

- Feld 3 ist der Bereich von Innovation Excellence. Eine exzellente Qualität der Führung in Verbindung mit einem großen finanziellen Spielraum erlaubt es, laufend neue Pionierphasen einzuleiten, neue Möglichkeiten zu erschließen, Akquisitionen durchzuführen, neue Partnerschaften einzugehen, um die Kernkompetenzen weiterzuentwickeln und dgl. mehr. Unternehmen oder Strategische Geschäftseinheiten in diesem Feld ziehen, was für die nachhaltige Entwicklung entscheidend ist, die Talente an, die für den Wettbewerb auf bestehenden Märkten oder für das Erschließen neuer Märkte benötigt werden („talent follows action").

- Feld 7 ist der Bereich der Mediokrität: Die Qualität der Organisation ist schlecht, das Unternehmen vernichtet Wert und verfügt deshalb über keinen finanziellen Spielraum für Innovationen. Das Unternehmen muss versuchen, durch Kosteneinsparungen, Verkauf von nicht betriebsnotwendi-

---

[22] Siehe A. de Waal u. E. Mollema, Six courses of action to survive and thrive in a crisis, a.a.O., S. 333–339.

Die Schließung der Lücke zwischen Strategie und Aktionsplänen. Die Planungslücke

gen Assets, Verbesserung der Führungsqualität und dgl. mehr ein Scheitern zu verhindern. Für Innovationsprojekte ist das Kapital nicht vorhanden.

- Feld 2 und Feld 6 zeigen Unternehmen oder Strategische Geschäftseinheiten, die der Innovation Excellence nahe sind. In Feld 2 gilt es, den finanziellen Spielraum zu nutzen, um die Qualität der Organisation zu verbessern, in Feld 6 muss durch Kosteneinsparungen, strategisches Pricing und dgl. mehr die Wertsteigerung verbessert und der finanzielle Spielraum vergrößert werden.
- Feld 4 und Feld 8 beinhalten Unternehmen oder Strategische Geschäftseinheiten, die dem Bereich der Mediokrität entkommen können, wenn rigorose Kostensenkungen, kleinere Innovationsprojekte und Umstrukturierungen sowie Defizite in der Führungsqualität beseitigt werden (Feld 4) oder wenn durch Fokussierung auf Kernprodukte und -dienstleistungen das Unternehmen seinen finanziellen Spielraum erweitern kann; im Feld 8 fehlen für größere Innovationsprojekte die finanziellen Ressourcen.
- Feld 1 verlangt, dass bei exzellenter Wertsteigerung und großem finanziellen Spielraum die Qualität der Organisation verbessert wird und neue Möglichkeiten durch eine Offensivstrategie erschlossen werden müssen.
- Feld 5 umschreibt eine Position, in der ein Unternehmen oder eine Strategische Geschäftseinheit bei mittelmäßiger Qualität der Organisation gerade die Kapitalkosten verdient. In dieser Position müssen Kosten gesenkt, der Umsatz gesteigert und die Qualität der Organisation verbessert werden, um Spielraum für größere Innovationsprojekte zu schaffen.
- Feld 9 dürfte kein Unternehmen und keine Strategische Geschäftseinheit enthalten, da nicht einzusehen ist, warum bei hervorragender Qualität der Organisation Werte vernichtet werden.

Innovation Excellence ist, zusammenfassend, nur dann möglich, wenn eine exzellente Führung, eine gute Strategie, die richtigen Mitarbeiter und taktische Maßnahmen mit rasch spürbaren Wirkungen, d.h. eine exzellente Qualität der Organisation, verbunden sind mit einer starken Finanzsituation des Unternehmens. Innovation Excellence lässt sich somit durch Maßnahmen erreichen, die dem Einfluss der Unternehmensleitung unterliegen.

Mangel an Innovation

Kazuo Inamori, Ehrenpräsident des Industrie- und Keramik-Konzerns Kyocera, führt seinen Erfolg auf den Grundsatz zurück, er müsse stets härter arbeiten als andere. Nach seiner Ansicht sind in Japan viele Manager und Politiker zu träge und selbstzufrieden, die immer noch so tun, als ob sich im Lande nichts geändert habe.

Japan habe gute Unternehmen wie zum Beispiel Hitachi, Panasonic, Sony, Toyota und andere mit hervorragenden Ingenieuren, sagt Inamori. Und doch fehlt seiner Ansicht nach etwas. So gut die Ingenieure auch seien, es mangle an innovativen und starken Unternehmensführern. Ganz anders sehe das

Bild beim Nachbarn Südkorea aus. Auch dort gebe es gute Unternehmen wie Samsung, LEG oder Hyundai mit hervorragenden Ingenieuren. Doch die hätten auch eine starke Führung mit Geist, Kraft und Kampfeswillen, die sie vorantrieben. Japan drohe, seinen Vorsprung zu verlieren.
Unterstützung für seine These findet Inamori in der Religion. Nachdem er vor 14 Jahren den Chefsessel bei Kyocera geräumt hatte, lebte er eine Zeitlang als buddhistischer Mönch. Daiwa, was so viel wie „grosse Harmonie" bedeutet, war sein Priestername. Alle Kreaturen auf der Erde unternähmen grosse Anstrengungen, um zu überleben, sagt er. Einzig der Mensch sei manchmal faul und selbstzufrieden. Aber auch jeder Mensch müsse Anstrengungen für ein gutes Leben unternehmen. Das seien die Lehren Buddhas, die Japan beherzigen müsse, wenn es wieder aufwärtsgehen solle.
Quelle: NZZ, Nr. 2, 4. Jänner 2011, S. 7

Innovation ist der Weg, um ein Unternehmen kontinuierlich zu erneuern und um dessen nachhaltige Wertsteigerung zu sichern. Innovationen entstehen jedoch nur, wenn die Führungskräfte und Mitarbeiter die grundlegenden Werte, Annahmen und Erwartungen, wie sie die Welt sehen oder wie sie in ihren Augen sein sollte, immer wieder in Frage stellen. Innovation Excellence ist der Weg, um Werte für die Kunden zu vertretbaren Kosten und mit engagierten Mitarbeitern zu schaffen, mit dem Ziel, damit als Ergebnis mindestens die Kapitalkosten zu verdienen.

Regeln für das Risk Assessment
1. Richte vor der Verabschiedung einer strategischen Entscheidung ein Team aus Mitarbeitern ein, die mit dem Entscheidungsprozess vertraut sind und Einsicht in die Folgen der Entscheidung haben.
2. Erteile dem Team folgenden Auftrag:
   - Versetzen Sie sich bitte ein Jahr von heute in die Zukunft.
   - Stellen Sie sich vor, a) dass wir den Plan so ausführen, wie er jetzt vorliegt, und b) dass das Ergebnis eine Katastrophe ist.
   - Nehmen Sie sich bitte 5 bis 10 Minuten Zeit, um eine kurze Geschichte dieses Desasters zu schreiben.
3. Überprüfen Sie Ihre Entscheidung, indem Sie das Ergebnis der Teamarbeit mit Freunden diskutieren, denen Sie vertrauen.
Quelle: D. Kahneman, Thinking, Fast and Slow, New York 2011, S. 264

Innovation Excellence lässt sich nicht von oben verordnen. Wenn die Unternehmensleitung mit strategischer Teilhabe führt, erhöht sich jedoch die Wahrscheinlichkeit, dass das Unternehmen eine überdurchschnittliche Innovationsrate und -geschwindigkeit erzielt. Führen mit strategischer Teilhabe ist die Methode, die Führungskräfte und Mitarbeiter in die Verbesserung der Qualität der Organisation einzubeziehen. Dadurch ist eine der beiden Voraussetzungen für Innovation Excellence erfüllt.

> *Die Auslagerung von Forschung und Entwicklung*
> Der französische Arzneimittelhersteller Sanofi will neuartige Medikamente in Zukunft mehr mit öffentlichen Forschungseinrichtungen und kleinen Biotechunternehmen entwickeln. Am Standort im Frankfurter Stadtteil Höchst sollen bis Ende 2012 rund 330 Arbeitsplätze wegfallen, das sind etwa 20 Prozent der in F&E beschäftigten Mitarbeiter.
>
> „Die Entwicklungsdauer für neue Wirkstoffe ist in der Vergangenheit stetig länger geworden, die Anzahl der Marktzulassungen ist stetig gesunken, die Kosten haben stetig zugenommen", fasst der in Deutschland für F&E zuständige Geschäftsführer Jochen Maas am 2.11.2011 vor Journalisten die Gründe für die Neuorientierung zusammen. Sanofi will in Zukunft produktiver, flexibler und auf keinen Fall teurer sein als bisher. Die mehr als 20 Forschungsstandorte auf der Welt sollen in vier Zentren zusammengefasst werden, die in eigener Verantwortung Innovationspartnerschaften abschließen können. Das Budget für F&E, das bisher zu drei Vierteln intern und nur zu einem Viertel extern eingesetzt wird, soll in Zukunft zu 50 Prozent intern und zu 50 Prozent extern eingesetzt werden. Martin Siewert, der Deutschlandchef von Sanofi, wertet die Tatsache, dass Frankfurt eines der vier Forschungszentren sein soll, als eine große Chance.
> Quelle: FAZ, Nr. 256, 3. November 2011, S. 17

3.8 Zusammenfassung

Je komplexer die Organisationen werden und je rascher sich das Umfeld ändert, desto ungeeigneter ist der Top-down-Ansatz mit Anordnungen und Kontrollen von oben und ausführenden Befehlsempfängern unten. Mit zunehmender Größe des Unternehmens und Globalisierung der Wettbewerbsarena tritt der unmittelbare Einfluss der Führenden zurück. Unter diesen Bedingungen ist es unmöglich, Aktionspläne aufzustellen, von denen nicht im Lauf der Ausführung, selbst in wesentlichen Punkten, abgewichen wird. Zwischen Strategie und Aktionsplänen besteht eine Lücke, die viele Ursachen haben kann. Die neue Art, ein Unternehmen, eine Strategische Geschäftseinheit oder eine Non-Profit-Einrichtung erfolgreich in die Zukunft zu führen, ist die Methode der Führung mit strategischer Teilhabe.

Die Hauptergebnisse dieses Abschnittes lassen sich wie folgt zusammenfassen:

1. Führen mit strategischer Teilhabe ist die Methode, mit der die Lücke zwischen Strategie und Aktionsplänen geschlossen werden kann. Die Unternehmensleitung gibt den Führungskräften einen Ausschnitt aus den eigenen strategischen Absichten und Gedankengängen; dadurch werden die Führungskräfte zur geistigen Mitarbeit bei der „Fortbildung des ursprünglich leitenden Gedankens" der Strategie und zur situationsspezifischen Entwicklung der entsprechenden Aktionspläne aufgefordert.

2. Das Ziel ist, die Führungskräfte in die Lage zu versetzen, dass sie das Ganze vor den Teilen sehen und zur erfolgreichen Gestaltung sowohl der Teile als auch des Ganzen mit wirksamen und kohärenten Aktionsplänen initiativ und kreativ beitragen.
3. Diese Methode geht auf Helmuth von Moltke zurück; er hat sie als „Führen mit Direktiven" bezeichnet und damit die Auftragstaktik als Grundlage für die moderne Militärstrategie geschaffen.
4. Führen mit strategischer Teilhabe setzt Eigeninitiative und Selbständigkeit der Führungskräfte voraus und verlangt eine *unité de doctrine* im Unternehmen.
5. Dazu muss die Unternehmensleitung die Entscheidungsprozesse ergebnisorientiert steuern. Es wird gezeigt, wie das geschehen kann.
6. Führen mit strategischer Teilhabe ist eine indirekte Strategie; der Umweg führt oft am schnellsten zum Ziel.
7. Führen mit strategischer Teilhabe wird anhand von zwei Beispielen erläutert: Wie durch strategisches Pricing der Unternehmenswert nachhaltig erhöht und wie durch Innovation Excellence die Konkurrenten distanziert werden können.

4. Die Schließung der Lücke zwischen Aktionsplänen und Umsetzung. Die Umsetzungslücke

> *„Es kommt darauf an, in lauter Spezialfällen die in den Nebel der Ungewissheit gehüllte Sachlage zu durchschauen, das Gegebene richtig zu würdigen, das Unbekannte zu erraten, einen Entschluss schnell zu fassen und dann kräftig und unbeirrt durchzuführen ... Einfaches Handeln folgerecht durchgeführt wird am sichersten das Ziel erreichen."*
> Helmuth von Moltke

Es ist unmöglich, Aktionspläne aufzustellen, von denen im Laufe der Ausführung, selbst in wesentlichen Punkten, nicht abgewichen wird. Es stehen, um mit Moltke zu reden, unseren Absichten die Absichten der Konkurrenten gegenüber, die einen ebenso starken Willen haben wie wir. Kein Aktionsplan reicht daher mit einiger Sicherheit über die Einführung eines neuen Produktes am Markt oder die Anwendung eines neuen Verfahrens hinaus. Die Führungskräfte sind gezwungen, eine Reihe von Entscheidungen aufgrund von Situationen zu treffen, die unvorhersehbar waren und in denen sie nach eigener Einsicht handeln müssen.

Ein wesentlicher Teil der Zeit der obersten Führungskräfte ist der Umsetzung gewidmet. Es geht dabei nicht darum, in die Aufgabenbereiche der Leiter der Funktionsbereiche und regionalen Einheiten einzugreifen, sondern ein System einzurichten, das:

1. erlaubt, die Aktionspläne effizient umzusetzen und
2. die Kreativität der Mitarbeiter für die Umsetzung nutzt, indem Abläufe und Verfahren vereinfacht werden,
3. bestimmt, welche wichtigen Maßnahmen aus welchen Gründen wann auszuführen sind,
4. die Mitarbeiter motiviert, sich engagiert für die Umsetzung der geplanten Maßnahmen zu einzusetzen, und
5. sicherstellt, dass die effektiv erzielten Ergebnisse mit den geplanten Ergebnissen übereinstimmen.

Die besten Aktionspläne nützen nichts, wenn sie nicht wirksam umgesetzt werden. Produkte werden verkauft, Dienstleistungen bereitgestellt und Gewinne erzielt, wenn die Aktionspläne der Funktionsbereiche und regionalen Einheiten innerhalb der vorgesehenen Zeiten und Kosten ausgeführt werden und dabei den sich ändernden Kundenbedürfnissen und Wettbewerbsverhältnissen Rechnung tragen. Es besteht somit die Lücke, einmal zwischen Aktionsplänen und Umsetzung, dann zwischen den Maßnahmen, die die diversen

Funktionsbereiche und regionalen Einheiten ausführen und dabei den sich ändernden Verhältnissen anpassen. Diese Lücke kann durch Work-Out-Prozesse geschlossen werden (Abbildung 4.1).

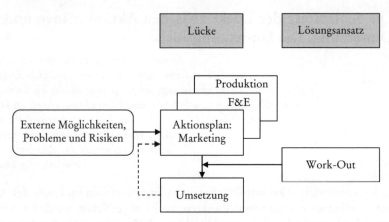

Abb. 4.1 Die Schließung der Lücke zwischen Aktionsplänen und Umsetzung

Führen mit strategischer Teilhabe
Führe ein Work-Out durch, um neue Ideen einfließen zu lassen, bürokratische Regelungen zu beseitigen und um die Umsetzung der Aktionspläne zu beschleunigen.

Work-Out ist eine Methode, mit der die durchzuführenden operativen Maßnahmen in eine Prioritätsordnung gebracht werden; die Mitarbeiter werden dabei in die Lage versetzt, ihre Erfahrungen, ihr Wissen und ihre Leistungsbereitschaft im Interesse der wirksamen Umsetzung der Aktionspläne, an deren Formulierung sie beteiligt waren, einzubringen.

4.1 Work-Out zur wirksamen Umsetzung der Aktionspläne

Work-Out[1] ist eine einfache Methode, die von General Electric Ende der 1980er Jahre entwickelt wurde, mit dem Ziel, bürokratische Barrieren abzubauen, nicht-wertsteigernde Tätigkeiten und Prozesse zu eliminieren und die Umsetzung wirksamer Pläne zu beschleunigen. „Ideas and intellect", so Jack Welch, „rule over hierarchy and tradition". Work-Out kann grundsätzlich in jedem Unternehmen angewandt werden.

---

[1] Siehe D. Ulrich, St. Kerr u. R. Ashkenas, The GE Work-Out: How to Implement GE's Revolutionary Method for Busting Bureaucracy and Attacking Organizational Problems – Fast!, New York 2002, S. 60; ebenfalls J. A. Krames, The Jack Welch Lexicon of Leadership, New York 2002, S. 200 ff.

Work-Out weist viele Parallelen zum Promotoren-Modell auf, das von Eberhart Witte in den 1970er Jahren entwickelt wurde;[2] Witte unterscheidet zwei Arten von Promotoren:

Der Machtpromotor leitet aufgrund seiner hierarchisch legitimierten Macht einen Veränderungsprozess ein, fördert und koordiniert ihn über die Grenzen der Funktionsbereiche und regionalen Einheiten hinaus und trägt die Verantwortung für die Ergebnisse.

Der Fachpromotor leitet den Veränderungsprozess und ist in der Regel eine Linienführungskraft; Voraussetzungen für die Tätigkeit als Fachpromotor sind Führungsstärke, fachliche Nähe zum Veränderungsprozess, Methodenwissen und innere Autorität.

Der Machtpromotor entspricht bei General Electric dem „Sponsor", der Fachpromotor dem „Champion". Ich ziehe die Begriffe und das Modell von General Electric vor, da die Machtstrukturen, wie sie in den 1970er Jahren in deutschen Unternehmen üblich waren, heute überholt sind. Leadership und Followership haben aufgrund der kulturellen Evolution und der technologischen Veränderungen heute einen ganz anderen Stellenwert als vor 40 Jahren; Führende haben an Einfluss verloren, die Mitarbeiter an Einfluss gewonnen.[3]

Work-Out in der Swatch-Group
– „Hat man ein Problem erkannt, kommt es darauf an, die besten Leute auszusuchen, die es lösen können und die Leute von vornherein auszuschließen, die nur Schwierigkeiten sehen und Bedenken haben."
– „Lassen wir die jungen Leute, die unkonventionell denken, die wirklich bereit sind, Hindernisse zu überwinden, ans Ruder."
– „Haben wir Leute, die ihre Kinderphantasien behalten haben, halten wir nicht die superlangweiligen, überseriösen Leute, die das weiterführen, was schon vor 50 Jahren unter ganz anderen Bedingungen gut gewesen ist."
– „Wir brauchen Leute, die zu kämpfen bereit sind, die in der Lage sind, auch unpopuläre Maßnahmen zu ergreifen, die ein bisschen frisch, innovativ denken."
– „Mit einer guten Mannschaft, einem guten Produkt und einem Markt können Sie die Erde heben, auch wenn die Organisation schwach ist."
Nicolas G. Hayek

---

[2] Siehe E. Witte, Organisation für Innovationsentscheidungen – Das Promotoren-Modell, Göttingen 1973, S. 40 ff.; Martina Mansfeld hat in ihrem Buch, Innovatoren. Individuen im Innovationsprozess, Wiesbaden 2011, das Promotoren-Modell empirisch abgesichert.
[3] Siehe dazu B. Kellerman, The End of Leadership, a. a. O., S. 97 ff.

Der Work-Out-Prozess läuft bei General Electric wie folgt ab:[4]

1. *Problemdefinition.* Beispiele: Abbau von bürokratischen Regelungen, Prozessverbesserungen, Eintritt in einen neuen Markt, Produktinnovationen, Supply Chain Integration, Risk Assessment, Erhöhung des Umsatzes und dgl. mehr. Abbildung 4.2 zeigt eine Matrix, mit der sich Themen für einen Work-Out-Prozess priorisieren lassen.
2. *Unterstützung durch oberes Management und Organisation.* Bestellung eines „Sponsors", der bereit und in der Lage ist, (a) die Rahmenbedingungen für den Work-Out-Prozess zu gestalten und (b) beim Abschlussmeeting eine Entscheidung zu treffen.
3. Bestellung eines „Champions", der den Work-Out-Prozess plant, ein Flussdiagramm erstellt und das Team rekrutiert und leitet.
4. Durchführung des Work-Out und kreative Erarbeitung von konkreten Vorschlägen nach einer Prioritätsordnung.
5. Erarbeitung eines Aktionsplanes für die zweckmäßigste Lösung durch das Team.
6. Das Team – es können auch mehrere Teams sein – stellt in einem abschließenden Entscheidungsmeeting seinen Vorschlag dem „Sponsor" vor, in der Regel unter Anwesenheit von dessen Vorgesetzten. Der „Sponsor" muss vor dem versammelten Führungsteam eine „ad hoc"-Entscheidung treffen: entweder dem Projekt zustimmen oder es ablehnen.
7. Der Sponsor wird nach Maßgabe seiner Entscheidungsfähigkeit und -willigkeit beurteilt.
8. Kommunikation der Ergebnisse des Work-Out-Prozesses und der Fortschritte bei der Umsetzung in der Organisation.

Der Work-Out-Prozess, so wie er von General Electric eingeführt wurde, ist Ausdruck einer kompetitiven Unternehmenskultur, die drei Grundwerte betont: Geschwindigkeit, Einfachheit und Selbstvertrauen. Lösungen und Entscheidungen werden innerhalb kürzester Zeit herbeigeführt. Führungskräfte und Mitarbeiter werden unmittelbar in Entscheidungen eingebunden, die nachvollziehbar sind. Offenheit der Führenden gegenüber Empfehlungen von Teams, sofortige Entscheidungen in der Öffentlichkeit und vor den Vorgesetzten, Verantwortung für rasche Umsetzung, all das verlangt Selbstvertrauen in die eigenen Fähigkeiten, mit Problemen, Möglichkeiten und Risiken umzugehen, für die relativ wenig Informationen zur Verfügung stehen.

Da Teams nur für kurze Zeit bestehen und die Teammitglieder wechseln, nehmen viele Führungskräfte und Mitarbeiter an Work-Out-Prozessen teil. Die Mitarbeit in Work-Out-Teams, vor allem aber die Leitung von Teams, werden bei General Electric als karrierefördernd angesehen. Das Entschei-

---

[4] Eine detaillierte Beschreibung des Work-Out-Prozesses findet sich in: D. Ulrich, St. Kerr u. R. Ashkenas, The GE Work-Out: How to Implement GE's Revolutionary Method for Busting Bureaucracy and Attacking Organizational Problems – Fast!, a. a. O., S. 77–79.

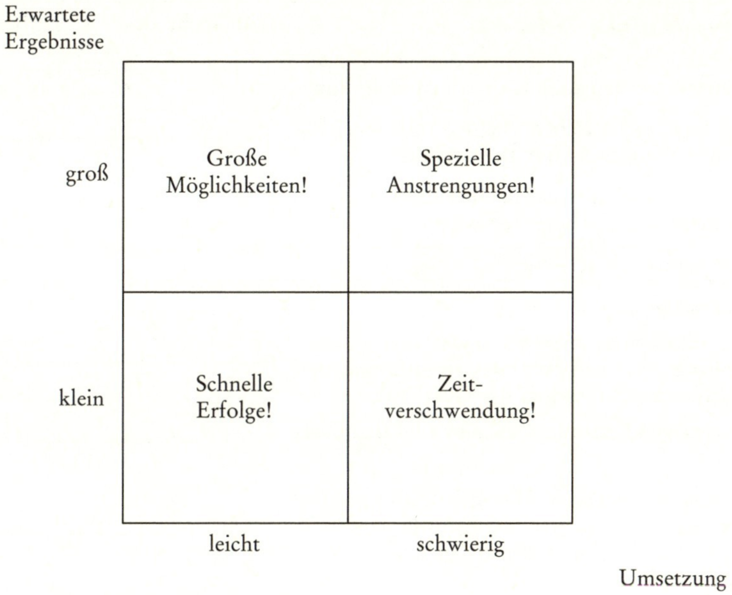

```
Erwartete
Ergebnisse

              |  Große          | Spezielle      |
       groß   |  Möglichkeiten! | Anstrengungen! |
              |                 |                |
              |  Schnelle       | Zeit-          |
       klein  |  Erfolge!       | verschwendung! |
              |                 |                |
                 leicht            schwierig
                                                    Umsetzung
```

Abb. 4.2 Die „Payoff Matrix" eines Work-Out-Prozesses
(Quelle: Ulrich/Kerr/Ashkenas, 2002, S. 137)

dungsverhalten des „Sponsors", seine Fähigkeit und Bereitschaft, Vorschläge mit einem eindeutigen JA oder NEIN zu beurteilen, seine Entschlossenheit und Energie, auch bei unvollständigen und häufig widersprüchlichen und trügerischen Informationen eine Entscheidung zu treffen, werden von der Unternehmensleitung beurteilt und bestimmen seine weitere Entwicklung im Unternehmen. Work-Out ist ein Bekenntnis zur Meritokratie.

4.2 Die Voraussetzung für ein wirksames Work-Out. Wann ist ein Work-Out-Prozess im Unternehmen angezeigt?

Abbildung 4.3 zeigt eine Selbstbeurteilungsübung, mit der getestet werden kann, ob und unter welchen Bedingungen ein Work-Out-Prozess im Unternehmen in Angriff genommen werden soll.[5] Der Test vermittelt eine nachvollziehbare Einsicht in die Ausgangssituation des Unternehmens und gibt an, was von einem Work-Out konkret erwartet werden kann.

---

[5] Der Fragebogen stützt sich auf die Erfahrungen bei General Electric und ist enthalten in D. Ulrich, St. Kerr u. R. Ashkenas, The GE Work-Out: How to Implement GE's Revolutionary Method for Busting Bureaucracy and Attacking Organizational Problems – Fast!, a.a.O., S. 55-57.

Die Schließung der Lücke zwischen Aktionsplänen und Umsetzung

1. *Unternehmerischer Schwung*	Trifft nicht zu	Trifft zu
a) Wir haben wichtige Themen, die schneller angegangen werden sollten als wir es heute tun.	1 2 3 4 5 6 7 8 9 10	
a) Viele unserer kritischen Themen verlangen eine bereichsüberschreitende Behandlung.	1 2 3 4 5 6 7 8 9 10	
b) Die Organisation steckt in einer Krise, was von den meisten nicht begriffen wird.	1 2 3 4 5 6 7 8 9 10	
Summe: Unternehmerischer Schwung		
2. *Informationsfluss*		
a) Die Mitarbeiter verstehen nicht den Zusammenhang zwischen dem was sie tun, und den strategischen Prioritäten des Geschäftes.	1 2 3 4 5 6 7 8 9 10	
b) Die einzigen Leistungsmaßstäbe sind finanzieller Art.	1 2 3 4 5 6 7 8 9 10	
c) Ein fundiertes Wissen über die Leistungen der Konkurrenten ist bei wenigen konzentriert und in den Unternehmensteilen nicht verfügbar, die es brauchen.	1 2 3 4 5 6 7 8 9 10	
Summe: Informationsfluss		
3. *Kundenorientierung*		
a) Das Wissen über die Kunden haben nur wenige in der Organisation (z.B.: Vertrieb, Marketing, obere Führungskräfte).	1 2 3 4 5 6 7 8 9 10	
b) Das Eingehen auf die Kundenbedürfnisse ist bruchstückhaft und unvollständig.	1 2 3 4 5 6 7 8 9 10	
c) Die Kunden beklagen sich oder wandern ab, wir wissen nicht genau warum.	1 2 3 4 5 6 7 8 9 10	
Summe: Kundenorientierung		
4. *Entscheidungsprozesse*		
a) Die Entscheidungsbefugnisse sind entweder so konzentriert, dass Verzögerungen oder Engpässe auftreten, oder so verteilt, dass unklar ist, wer die Verantwortung trägt und für die Entscheidungen zuständig ist.	1 2 3 4 5 6 7 8 9 10	
b) Für die meisten Nicht-Routine-Angelegenheiten braucht es viele Genehmigungen.	1 2 3 4 5 6 7 8 9 10	
c) Die Mitarbeiter haben Angst, Entscheidungen zu treffen – sie schieben sie auf andere ab.	1 2 3 4 5 6 7 8 9 10	
Summe: Entscheidungsprozesse		

5. Leadership

a) Die zukünftige Ausrichtung des Unternehmens wird von den Mitarbeitern anders interpretiert, als sich die Unternehmensleitung es vorstellt; die Mitarbeiter handeln nicht in Übereinstimmung mit den strategischen Absichten der Unternehmensleitung.

b) Wir versuchen selten Projekte, die Führungskräfte und Mitarbeiter vor Ort aus verschiedenen Bereichen involvieren.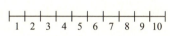

c) Die Führungskräfte unterstützen nicht die Projekte anderer.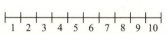

Summe: Leadership

6. Organisationale Bürokratie

a) Unsere Organisation hat viele Verantwortungsebenen.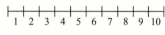

b) Es gibt zahlreiche Regelungen und Vorschriften, manche davon widersprüchlich und verwirrend.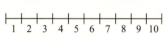

c) Unsere Organisation hat eine starre Struktur, die trotz vieler Versuche über die Jahre nicht geändert wurde.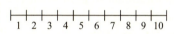

Summe: Organisationale Bürokratie

7. Kommunikation

a) Wir vermeiden Unstimmigkeiten und Diskussionen, vor allem zwischen Verantwortungsebenen.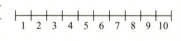

b) Mitarbeiter vor Ort denken, dass obere Führungskräfte nicht erreichbar sind.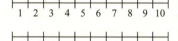

c) Die Kommunikation in unserer Organisation ist meistens eine Ein-Weg-Kommunikation.

Summe: Kommunikation

8. Unternehmenskultur

a) Die Führungskräfte neigen dazu, ihren Bereich zu schützen.

b) Die Mitarbeiter und Führungskräfte neigen dazu, die Verantwortung für ihre Ergebnisse abzuschieben.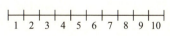

c) Vorschläge werden häufig mit dem Satz abgetan, „wir haben das bereits versucht, und es hat nicht funktioniert".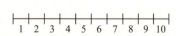

Summe: Unternehmenskultur

9. Innovation

a) Innovation und Veränderung werden von oben vorgeschrieben und stammen nicht von Versuchen der Führungskräfte und Mitarbeiter vor Ort.

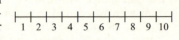

b) Das Eingehen von Risiken wird nicht belohnt.

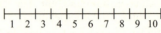

c) Wir lernen nicht und teilen unser Wissen nicht.

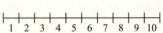

Summe: Innovation

Abb. 4.3 Eine Selbstbeurteilungsübung zur Zweckmäßigkeit von Work-Out (Quelle: Ulrich/Kerr/Ashkenas, 2002, S. 55-57, Übersetzung durch den Verfasser)

Abbildung 4.4 enthält die Interpretation der Ergebnisse der Selbstbeurteilungsübung.[6] Der Wert dieser Übung liegt weniger in den Punktezahlen, sondern mehr in der Reflexion der Teammitglieder über die Verbesserung bestehender Systeme und über neue Möglichkeiten, die zu bahnbrechenden Innovationen führen können.

1. Unternehmerischer Schwung
Punktezahl 3–12: Geringer Druck für Veränderungen. Soll Work-Out wirksam eingesetzt werden, muss ein triftiger Grund angegeben werden.
Punktezahl 13–21: Moderater Druck für Veränderungen. Work-Out kann eingesetzt werden, um die Organisation schneller und innovativer zu machen.
Punktezahl 22–30: Großer Druck für Veränderungen. Work-Out-Prozesse könnten für schnelle und koordinierte Antworten auf spezifische Bedrohungen und Möglichkeiten eingesetzt werden.

2. Informationsfluss
Punktezahl 3–12: Der Informationsfluss ist gut. Soll Work-Out wirksam eingesetzt werden, muss ein triftiger Grund angegeben werden.
Punktezahl 13–21: Der Informationsfluss ist behindert. Work-Out könnte bewirken, dass Informationen ungehinderter und freier in der Organisation zirkulieren.
Punktezahl 22–30: Großer Druck für Veränderungen. Der Informationsfluss ist stark behindert. Work-Out könnte für schnelle und koordinierte Antworten auf spezifische Bedrohungen und Möglichkeiten eingesetzt werden.

---

[6] Siehe dazu D. Ulrich, St. Kerr u. R. Ashkenas, The GE Work-Out: How to Implement GE's Revolutionary Method for Busting Bureaucracy and Attacking Organizational Problems – Fast!, a.a.O., S. 58-60.

3. Kundenorientierung

Punktezahl 3–12: Hohes Ausmaß an Kundenorientierung. Work-Out könnte vielleicht die Beziehungen zu den Kunden zusätzlich verstärken.

Punktezahl 13–21: Moderates Ausmaß an Kundenorientierung. Work-Out kann die Sensibilität gegenüber Kundenbedürfnissen erhöhen.

Punktezahl 22–30: Geringes Ausmaß an Kundenorientierung. Work-Out könnte einen Prozess der Kundenfokussierung in Gang setzen.

4. Entscheidungsprozess

Punktezahl 3–12: Entscheidungsfindung und Verantwortung sind klar definiert. Work-Out kann die Abläufe zusätzlich verbessern.

Punktezahl 13–21: Die Entscheidungsprozesse sind fragmentiert oder zu stark kontrolliert. Work-Out kann dazu beitragen, dass die obersten Führungskräfte stärker eingebunden und verantwortlich gemacht werden.

Punktezahl 22–30: Die Entscheidungsprozesse sind langsam, die Zuständigkeitsbereiche unklar, oft auf wenige, überlastete Führungskräfte bezogen. Work-Out könnte eingesetzt werden, um mehr Führungskräfte einzubeziehen und die Verantwortungsbereiche klarer festzulegen.

5. Leadership

Punktezahl 3–12: Führungskräfte sind fähig und bereit, schnelle und fundierte Entscheidungen über organisatorische Grenzen hinaus zu treffen. Work-Out kann beitragen, diesen Standard zu halten.

Punktezahl 13–21: Die Führungskräfte erkennen den Nutzen von Work-Out, funktionale und regionale „Fürstentümer" aufzubrechen. Einige sind in der Lage, sich als „Sponsoren" für Work-Out-Prozesse zu engagieren.

Punktezahl 22–30: Die Führungskräfte sehen die bereichsübergreifende Art der Work-Out-Prozesse als Herausforderung. Entscheidend für den Erfolg sind ein „Sponsor" mit einer großen Glaubwürdigkeit und ein „Champion" auf einer höheren Verantwortungsebene.

6. Organisationale Bürokratie

Punktezahl 3–12: Die Bürokratie ist auf ein vernünftiges Maß beschränkt. Work-Out kann helfen, diesen Standard zu halten.

Punktezahl 13–21: Die Bürokratie ist ein Thema, Work-Out kann hilfreich sein.

Punktezahl 22–30: Die Bürokratie kann die Organisation lähmen. Work-Out kann beitragen, nicht-notwendige Regeln, Verfahren und Vorschriften abzuschaffen.

7. Kommunikation

Punktezahl 3–12: Es herrscht eine offene Kommunikation. Work-Out kann für die Teilnehmer ein natürlicher und angenehmer Prozess sein.

Punktezahl 13–21: Die Kommunikation könnte besser sein. Work-Out kann helfen, die Kreativität der Mitarbeiter zu entfesseln, die gegenwärtig vernachlässigt werden; Work-Out kann auch beitragen, die Qualität der Rückmeldungen an die oberen Führungskräfte in Bezug auf Wirksamkeit der organisatorischen Abläufe zu verbessern.

Punktezahl 22–30: Die Kommunikation ist sehr eingeschränkt. Work-Out kann Kreativität, Produktivität und Innovation fördern. Die Unterstützung der oberen Führungskräfte und die Auswahl eines „Sponsors", der aktiv zuhören und die Teilnehmer ermutigen kann, Inputs zu geben, sind kritische Erfolgsfaktoren.

8. Unternehmenskultur

Punktezahl 3–12: Die Unternehmenskultur ist offen für den Wandel. Work-Out kann eine Plattform für rasches Handeln sein und Führungskräften und Mitarbeitern die Möglichkeit geben, ihre Sichtbarkeit im Unternehmen zu erhöhen.

Punktezahl 13–21: Die Unternehmenskultur ist wenig offen und erlaubt keine radikalen oder bereichsübergreifenden Innovationen. Work-Out kann ein wirksames Instrument sein, die Ideen der Mitarbeiter für erfolgreiche Veränderungen aufzugreifen und umzusetzen.

Punktezahl 22–30: Die Unternehmenskultur ist von Funktionsbereich zu Funktionsbereich verschieden und entmutigt die Mitarbeiter, über die Grenzen ihrer Bereiche hinaus zu denken. Work-Out könnte eine sichere Struktur für erfolgreiche Veränderungen und bereichsübergreifende Experimente bieten.

9. Innovation

Punktezahl 3–12: Die Organisation ist innovativ. Work-Out könnte benutzt werden, die Innovation auf prioritäre Ziele mit unmittelbarem Einfluss auf das Geschäft auszurichten.

Punktezahl 13–21: Innovationen existieren in einzelnen Bereichen. Work-Out bietet die Möglichkeit, die Qualität und Schnelligkeit der Innovation in kritischen Bereichen zu erhöhen.

Punktezahl 22–30: Veränderungen werden von der oberen Führungsebene vorangetrieben, sie erfolgen zu langsam. Mehr Innovation vor Ort und Risikobereitschaft sind notwendig. Work-Out liefert ein Forum für fokussierte Experimente, die die Organisation nicht gefährden, kurzfristig Ergebnisse zu bringen.

Abb. 4.4 Die Interpretation der Ergebnisse (Quelle: Ulrich/Kerr/Ashkenas, 2002, S. 58–60, Übersetzung durch den Verfasser)

4.3 Die strategische Architektur: Vom Denken in Königreichen zum Denken in Prozessen

In den komplexen Organisationen unserer Zeit muss der Vorgesetzte Ziele und Rahmenbedingungen mit Personen vereinbaren, die:

1. ihre Entscheidungen auf der Grundlage von Elementen treffen werden, die der Vorgesetzte nicht nur nicht kennt, sondern häufig nicht einmal beurteilen könnte;
2. in der Regel über Kompetenzen verfügen, die der Vorgesetzte nicht hat, und die ihre Aufgaben auf eine Art interpretieren, die von der verschieden sein kann, die der Vorgesetzte annimmt;
3. Initiativen ergreifen werden, deren Auswirkungen auf und Übereinstimmung mit den Aktionsplänen nur mit Approximation und Verspätung gemessen werden können.

Der Work-Out-Prozess kann die Konformität zwischen den strategischen Absichten der Unternehmensleitung, den entsprechenden Aktionsplänen und einer wirksamen Umsetzung herbeiführen, und zwar dadurch, dass er dem Mitarbeiter eine aktive und selbständige Teilnahme an den Entscheidungen erlaubt, die er auszuführen hat und für die er verantwortlich ist. Work-Out ist ein Führungssystem, in dem jeder Prozessschritt transparent und dokumentiert ist. Werden die Schritte laufend gemessen, lassen sie sich auch rasch ändern, falls neue Kundenbedürfnisse oder neue technische Anforderungen auftauchen.

Die Konzentration auf Prozesse verlangt eine strategische Architektur, in der die Funktionsbereiche durchlässiger und offener dafür werden, wohin sich der Markt bewegt, was die Kunden wirklich wollen und welche neuen technischen Möglichkeiten sich abzeichnen (Abbildung 4.5).

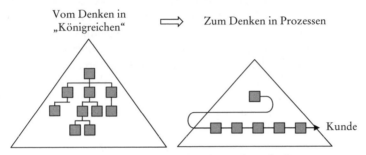

Abb. 4.5 Das Schaffen von innovationsfördernden Rahmenbedingungen

Schlanke, kundenfokussierte Prozesse fördern das Denken „outside the box" und führen dadurch zur Erfindung neuer Kundenbedürfnisse, zum Einsatz neuer Technologien, zu kreativen Forschungsdesigns, die herausarbeiten, was die Kunden überrascht und begeistert. Das Ergebnis sind nicht nur inkrementale Verbesserungen, sondern, wie die Erfolge von General Electric, Clariant, Swatch Group, Deere & Company, P&G, PepsiCo und vielen anderen Unternehmen zeigen, auch und vor allem bahnbrechende Innovationen. Reverse Innovation ist ohne Work-Out und Prozessmanagement nicht denkbar.[7]

4.4 Die Organisations- und Mitarbeiterentwicklung

Die Umsetzung der Aktionspläne erfordert eigenständige, kreative und initiative Arbeit der Führungskräfte und Mitarbeiter; sie sollen selbst suchen, denken und handeln, um die Aktionspläne untereinander abzustimmen, damit die vereinbarten Ziele erreicht werden. Konfuzius sagte: „Wer nicht strebend sich bemüht, dem helfe ich nicht voran; wer nicht nach dem Ausdruck ringt, dem eröffne ich ihn nicht; wem ich eine Ecke zeige und er kann es nicht auf die andern drei übertragen, dem wiederhole ich nicht."

Führen mit strategischer Teilhabe ist nach meiner Erfahrung das höchste Niveau moderner Unternehmensführung. Es baut auf dem Prinzip auf, dass

---

[7] Siehe dazu V. Govindarajan u. Ch. Trimble, Reverse Innovation: Create Far From Home, Win Everywhere, Boston 2012, S. 13 ff.

die Unternehmensleitung die leitenden Gedanken der Strategie mit den Führungskräften diskutiert, weiterentwickelt und diese so in die Lage versetzt, initiativ und kreativ die entsprechenden Aktionspläne auszuarbeiten. Die Führungskräfte werden je nach Lage ihren Mitarbeitern in der Umsetzung große Freiheitsspielräume lassen oder die Zügel, vor allem bei Umstrukturierungen, zeitweise scharf anziehen. Manchmal darf sich die Unternehmensleitung auch nicht scheuen, von dieser Methode abzuweichen und Anordnungen zu geben, wie etwas gemacht und umgesetzt werden soll.

Von großer Bedeutung ist, dass die strategische Absicht so in Worte gefasst wird, dass dieselbe strategische Absicht, die die Unternehmensleitung oder der Leiter einer Strategischen Geschäftseinheit hat, beim Empfänger ausgelöst wird und dieser die strategische Absicht dem Verständnis seiner Mitarbeiter so nahebringt, dass sie entsprechend umgesetzt wird. Einer Vielzahl von Führungskräften in verschiedenen Staaten und Funktionsbereichen das sagen, was man will, ohne Möglichkeit des Missverstandenwerdens, dabei ihnen große Selbständigkeit und Aktionsmöglichkeiten zu lassen, das ist eine dialektische Kunst, die umso schwerer ist, je größer das Unternehmen ist, und als sie vielleicht bei einer oberflächlichen Betrachtung erscheinen mag.

Führen mit strategischer Teilhabe verlangt eine *unité de doctrine* im Unternehmen. Handlungsspielraum der Führungskräfte und Mitarbeiter birgt einerseits die Gefahr in sich, dass sie zur Willkür ausartet und damit die Einheitlichkeit und Kohärenz der unternehmerischen Leistungen beeinträchtigt, setzt andererseits einen hohen Grad der strategischen Führungskompetenz voraus, der oft nicht vorhanden ist. Um zu verhindern, dass die Selbständigkeit der Führungskräfte und Mitarbeiter die strategischen Absichten, die Aktionspläne und die Umsetzung in falsche Bahnen lenkt, ist eine entsprechende Organisations- und Mitarbeiterentwicklung notwendig. Diese soll eine gemeinsame Grundanschauung bewirken.

Abbildung 4.6 zeigt, wie die Organisations- und Mitarbeiterentwicklung auf die Methode der Führung mit strategischer Teilhabe ausgerichtet werden kann.[8]

Das dargestellte Modell kann dazu beitragen, ein gemeinsames Grundverständnis der Führung mit strategischer Teilhabe im Unternehmen herbeizuführen. Es zeigt, wie die Unternehmensleitung den Führungskräften Ausschnitte aus ihren strategischen Absichten und Gedankengängen gibt und sie zur geistigen Mitarbeit und Mitverantwortung einlädt. Die strategischen Absichten enthalten nur das, was die Führungskräfte zur Erreichung eines bestimmten Zieles nicht selbständig bestimmen können und was ohne Bedenken mitgeteilt werden kann. Die Führungskräfte räumen in abgestufter Folge ihren Mitarbeitern eine weitgehende Selbständigkeit innerhalb der Generallinie der Strategie ein. Mit Hilfe von Work-Out-Prozessen lässt sich die koordi-

---

[8] Mehr dazu in meinem Buch: Strategische Unternehmungsführung, Band II, a. a. O., S. 180 ff.

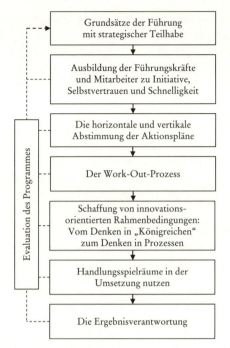

Abb. 4.6 Grundschema der Organisations- und Mitarbeiterentwicklung für das Führen mit strategischer Teilhabe

nierte Umsetzung der Aktionspläne beschleunigen – was eine entsprechende Kenntnis der Methode der Führung mit strategischer Teilhabe voraussetzt. Den Führungskräften und Mitarbeitern muss in absteigender Folge die allgemeine Sachlage und Ausrichtung des Unternehmens so mitgeteilt werden, dass sie imstande sind, den Sinn ihrer Aufgaben zu verstehen und entsprechen selbständig und initiativ zu handeln.

Ein Fall
Ein Schweizer Hersteller von Feinchemikalien verfolgt eine Internationalisierungsstrategie. Die Führungskräfte sind in die Formulierung der Strategie eingebunden und haben Aktionspläne entwickelt, mit denen die Etablierung einer „World Class Plant" angestrebt wird. Verschiedene Teams haben die Schritte zu einer „World Class Plant" definiert. Es stellt sich jedoch heraus, dass eine Reihe von Rahmenbedingungen die Umsetzung der Aktionspläne erschwert und die Einhaltung der vorgesehenen Zeiten nicht erlaubt: Die Entscheidungsprozesse sind auf wenige Personen zugeschnitten, dadurch treten Verzögerungen und Engpässe auf, es ist unklar, wer die Verantwortung trägt, es gibt zu viele Verantwortungsebenen, Führungskräfte denken in „Königreichen", zahlreiche bürokratische Regelungen, manche davon widersprüchlich und irreführend, die Mitarbeiter auf den unteren Verantwortungsebenen denken, dass die Führungskräfte nicht oder nur schwer erreich-

> bar sind, innovative Bemühungen werden von oben vorgegeben und sind nicht das Ergebnis unternehmerischer Bemühungen der Führungskräfte und Mitarbeiter vor Ort. Das Mantra des Unternehmers: „Schnelligkeit, Schnelligkeit, Schnelligkeit" bewegt wenig oder nichts.

4.5 Zusammenfassung

Die besten Aktionspläne nützen nichts, wenn sie nicht wirksam umgesetzt werden. Viele Aktionspläne sind aufgrund der Dynamik der Veränderungen bereits zu dem Zeitpunkt überholt, in dem sie verabschiedet wurden. Die Geschwindigkeit, mit der Aktionspläne entsprechend den sich ändernden Verhältnissen verändert und umgesetzt werden, ist ein Wettbewerbsvorteil, der schwer imitierbar ist.

Die Hauptergebnisse dieses Abschnittes sind:

1. Zur Schließung der Lücke zwischen den Aktionsplänen und der Umsetzung wird der Work-Out-Prozess vorgeschlagen. Dieser Prozess wurde von General Electric entwickelt und eingeführt und hat in vielen Unternehmen Produktivität und Innovationsdynamik erhöht.
2. Der Work-Out-Prozess:
   - fördert eine bessere Koordination und Zusammenarbeit zwischen Strategischen Geschäftseinheiten, Funktionsbereichen und regionalen Einheiten,
   - erlaubt es, viele Führungskräfte und Mitarbeiter in die strategischen Absichten der Unternehmensleitung einzubinden,
   - erhöht die Geschwindigkeit, mit der Entscheidungen verbessert und umgesetzt werden,
   - hilft, bürokratische Regelungen abzubauen,
   - trägt bei, dass ein Unternehmen eine Meritokratie ist.
3. Ein Selbstbeurteilungsbogen beantwortet die Frage, ob und unter welchen Voraussetzungen ein Work-Out-Prozess in Gang gesetzt werden soll.
4. Der Übergang vom Denken in Königsreichen zum Denken in Funktionen wird kurz behandelt; er ist eine Voraussetzung für die wirksame Umsetzung der Aktionspläne.
5. Die Überwindung der Barrieren zwischen Aktionsplänen und Umsetzung verlangt:
   - eine gemeinsame Grundanschauung über die Strategie und Aktionspläne des Unternehmens,
   - Mitverantwortungsbewusstsein auf vielen Verantwortungsebenen und in vielen Funktionsbereichen und regionalen Einheiten,
   - gegenseitiges Vertrauen zwischen Vorgesetzten und Mitarbeitern,
   - Selbstvertrauen der Führungskräfte, schnell zu entscheiden.

Dazu ist eine entsprechende Organisations- und Mitarbeiterentwicklung notwendig, die in großen Linien dargestellt wird.

5. Die Schließung der Lücke zwischen Umsetzung und Ergebnissen. Die Ergebnislücke

"We want a company that focusses on nothing but serving customers."
Jack Welch

5.1 Eine kundenfokussierte Hochleistungskultur ermöglichen

Die letzte Lücke, die eine gute Führung schließen muss, ist die zwischen Umsetzung und angestrebten Ergebnissen (Abbildung 5.1). Aktionspläne können wohl umgesetzt werden, die gewünschten Ergebnisse in Bezug auf Kundenzufriedenheit, Mitarbeiterengagement, Wertsteigerung, gesellschaftliche Verantwortung und dgl. mehr werden aber nicht erreicht, weil sich die Wettbewerbsverhältnisse, wirtschaftlichen Rahmenbedingungen, technischen Möglichkeiten oder die Kundenbedürfnisse geändert haben. Die Hauptgründe für das Nichterreichen der angestrebten Ergebnisse sind:[1]

1. Schlechte Führung: Die Mitarbeiter führen nicht aus, was von ihnen erwartet wird.
2. Fehlende Motivation und mangelndes Verantwortungsbewusstsein: Die Mitarbeiter akzeptieren die Veränderung nicht oder passen sich nicht geänderten Kundenbedürfnissen und Wettbewerbsverhältnissen an.
3. Fehlender unternehmerischer Schwung: Bürokratie und tägliche Routinearbeiten lassen Eigeninitiative und Selbständigkeit nicht aufkommen.
4. Falsche Interpretation der Wirklichkeit: Die Dinge werden nicht so gesehen, wie sie sind, sondern so, wie sie den eigenen Vorstellungen entsprechen.

Der Entscheidungsspielraum der Mitarbeiter auf den unteren Verantwortungsebenen ist in den meisten Unternehmen durch bürokratische Regelungen, Vorschriften, „prodecures" und „recommended practices" sehr begrenzt. Gary Hamel schreibt: „It's impossible to unleash human capabilitites without first expanding the scope of employee autonomy. To create an organization that's adaptable and innovative, people need the freedom to challenge precedent, to experiment, to take risks, and to follow their passions".[2]

Es gibt in der Welt der Unternehmen, wie im Leben eines jeden einzelnen von uns, Dinge, die wir nicht ändern können; diese Tatsache müssen wir ak-

---

[1] Dazu im einzelnen J. W. Myrna, A rolling stone gathers no moss: prevent your strategic plan from stagnating, in: Business Strategy Series 13, No. 3, 2012, S. 136–142.
[2] G. Hamel, What Matters Now: How to Win in a World of Relentless Change, Ferocious Competition, and Unstoppable Innovation, a. a. O., S. 163.

Die Schließung der Lücke zwischen Umsetzung und Ergebnissen. Die Ergebnislücke

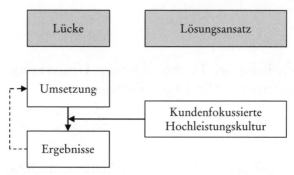

Abb. 5.1 Die Schließung der Lücke zwischen Umsetzung und Ergebnissen

zeptieren.[3] Bei dem Versuch, die Lücke zwischen Umsetzung und Ergebnissen zu schließen, ist es hilfreich, die folgenden stoischen Grundregeln zu beachten:

Herr, gibt mir den Mut, die Dinge zu ändern, dich ich ändern kann, die Gelassenheit, die Dinge hinzunehmen, die ich nicht ändern kann, und die Weisheit, das eine vom anderen zu unterscheiden.

Killing command-and-control[4]
„We must destroy the concept of the CEO. The notion of the ‚visionary‘, the ‚captain of the ship‘ is bankrupt. We are telling the employee, ‚You are more important than your manager‘. Value gets created between the employee and the customer, and management's job is to enable innovation at that interface. To do this, we must kill command-and-control."
Vineet Nayar, CEO HCL Technologies

Mit Hilfe eines Strukturgleichungsmodells und an Hand empirischer Erhebungen weist D. Maister nach, dass die Hauptfaktoren für das Erzielen von Ergebnissen
1. die Qualität und die Kundenbeziehungen und
2. das Engagement der Mitarbeiter
sind (Abb. 5.2).[5]

Voraussetzung für Qualität und Kundenbeziehungen sowie für das Engagement der Mitarbeiter sind hohe Standards, die ihrerseits wieder von der Zufriedenheit am Arbeitsplatz und von einer fairen Entlohnung abhängen. Die anderen Einflussgrößen und die Zusammenhänge sind in Abbildung 5.2 ersichtlich; Ergebnisse werden vor allem in dem Maß erzielt, wie im Unterneh-

---

[3] Zur Rolle des Glücks und wie sich Glück planen lässt, siehe den sechsten Abschnitt.
[4] Zitiert aus G. Hamel, What Matters Now: How to Win in a World of Relentless Change, Ferocious Competition, and Unstoppable Innovation, a. a. O., S. 234.
[5] Siehe D. Maister, Practice What You Preach, London 2003, S. 77 ff.

Eine kundenfokussierte Hochleistungskultur ermöglichen

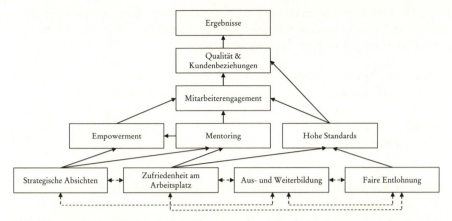

Abb. 5.2 Qualität und Kundenbeziehungen plus Mitarbeiterengagement bestimmen die Ergebnisse (in Anlehnung an Maister, 2003)

men eine kundenfokussierte Hochleistungskultur in Bezug auf Qualität, Kundenbeziehungen und Mitarbeiterengagement eingerichtet ist.

Die Lücke zwischen Umsetzung und Ergebnissen lässt sich – soweit dies in der Macht des Unternehmens ist – durch eine kundenfokussierte Hochleistungskultur schließen.

Eine kundenfokussierte Hochleistungskultur beruht, wie in Abbildung 5.2 dargestellt, auf einer Vielzahl von Elementen, die sich gegenseitig beeinflussen und die von der Unternehmensleitung gestaltet werden können. Ich greife zwei heraus:

1. Qualität und Kundenbeziehungen. Ergebnisse werden umso wirksamer erzielt, je besser jeder Mitarbeiter weiß, welcher Beitrag zur Zufriedenstellung interner und externer Kunden von ihm erwartet wird. Das in der Folge beschriebene Kano-Modell der Kundenzufriedenheit zeigt, wie das gemacht werden kann.
2. Mitarbeiterengagement. Die erfolgreichsten Unternehmen, so auch Gary Hamel, sind die, die den Mitarbeitern den größten Handlungsspielraum einräumen und deren Kreativität und Disziplin zur Entfaltung bringen.

Das Kano-Modell der Kundenzufriedenheit, das im nächsten Abschnitt dargestellt wird, ist ein nützliches Instrument, um ergebnisorientiertes Handeln der Mitarbeiter zu fördern. Nach meinen Erfahrungen sollte jeder Mitarbeiter mit den Grundzügen dieses Modell vertraut sein.

Eine kundenfokussierte Hochleistungskultur entwickelt sich in dem Maß, wie die Mitarbeiter verstehen, dass ein wertvolles Unternehmen auf dem perfekten Verhalten eines jeden einzelnen beruht, der, auf welcher Verantwortungsebene immer, seinen Beitrag zur Zufriedenstellung der Kunden leistet. Wenn die Führungskräfte und die Mitarbeiter das Gefühl haben, für ein wunderbares Unternehmen zu arbeiten, ist das die beste Garantie, dass die angestrebten Ergebnisse erreicht werden.⁶ Kundennähe wirkt dann wie die Entfernung der Stachelschweine Schopenhauers voneinander: Zu geringe Nähe lässt sie frieren, zu große Nähe lässt sie bluten.

> „Ein guter Unternehmer ...
> ... ist nicht nur, wer sein Unternehmen erfolgreich in die Zukunft führt, sondern auch und vor allem der, der Bedingungen schafft, dass die Mitarbeiter das Unternehmen lieben."
> Achille Palleschi

5.2 Das Kano-Modell der Kundenzufriedenheit: Die Kunden zu Botschaftern des Unternehmens machen

Ergebnisse werden an der Schnittstelle zwischen den Mitarbeitern und den Kunden erzielt. Jeder Führende und jeder Mitarbeiter muss sich die Frage stellen: „Was ist mein konkreter, persönlicher Beitrag zur Zufriedenstellung der Kunden?" Für die Beantwortung dieser Frage kann das Kano-Modell der Kundenzufriedenheit hilfreich sein.

Dieses Modell stammt vom japanischen Professor Noriaki Kano und wurde von meinen Mitarbeitern und mir weiterentwickelt. Wir haben es in zahlreichen Publikationen veröffentlich und in vielen Unternehmen erfolgreich angewandt.⁷

Das Kano-Modell (Abbildung 5.3) teilt die Anforderungen, die ein Unternehmen zur Zufriedenstellung der Kunden erfüllen muss, in drei Kategorien:

1. *Basisanforderungen*: Diese umfassen alle Leistungskomponenten, die der Kunde voraussetzt. Sie müssen im erwarteten Ausmaß erfüllt werden. Ist dies nicht der Fall, kauft der Kunde nicht. Ein Übertreffen der Erwartungen wird vom Kunden nicht honoriert. Basisanforderungen werden vom Kunden als selbstverständlich angenommen und auch nicht explizit verlangt. Elektrische Fensterheber sind z.B. eine Basisanforderung für den Kauf eines Autos.

2. *Leistungsanforderungen*: Es sind dies die erwarteten und in der Regel auch vom Kunden artikulierten Leistungskomponenten. Werden diese nicht den Erwartungen entsprechend erfüllt, entsteht Unzufriedenheit, werden sie übertroffen, steigt die Zufriedenheit. Leistungsanforderungen werden vom Kunden explizit verlangt. Um wettbewerbsfähig zu sein, muss das Unter-

---

⁶ In diesem Sinne L. Kellaway, Ball boys can help us retrieve the lost art of training, in: Financial Times, Monday, July 2, 2012, S. 12.

⁷ Siehe H.H. Hinterhuber, G. Handlbauer u. K. Matzler, Kundenzufriedenheit durch Kernkompetenzen, 2. Aufl., München 2003; K. Matzler u. H.H. Hinterhuber, How to make product development projects more successful by integrating Kano's model of customer satisfaction into Quality Function Deployment, in: Technovation 18, No. 1, 1998, S. 25–38; H.H. Hinterhuber u. K. Matzler (Hrsg.), Kundenorientierte Unternehmensführung, 6. Aufl., Wiesbaden 2009.

nehmen die Leistungsanforderungen besser erfüllen, als dies die Konkurrenten tun. Ein bloßes Erfüllen führt nur zu moderater Zufriedenheit, die Leistung des Unternehmens wird als austauschbar wahrgenommen, der Kunde steht ihr mehr oder weniger indifferent gegenüber. Soll der Kunde unser Produkt oder unsere Dienstleistung weiterempfehlen, muss es dem Kunden einen größeren Nutzen bieten als vergleichbare Konkurrenzprodukte oder -dienstleistungen. Der Treibstoffverbrauch oder die CO_2-Emissionen sind z. B. Leistungsanforderungen für ein Auto.

3. *Begeisterungsanforderungen*: Es sind dies die Produkteigenschaften, die der Kunde nicht erwartet, deren Bereitstellung aber den Wert des Produktes erhöht und einen überproportional starken Einfluss auf die Zufriedenheit mit einem Produkt oder mit einer Dienstleistung haben. Der Kunde ist begeistert, wenn ihm diese Leistungskomponenten angeboten werden, er empfiehlt das Produkt oder die Dienstleistung seinen Freunden und Bekannten weiter. Werden diese Leistungskomponenten nicht angeboten, hat das keinen negativen Einfluss auf die Zufriedenheit. Begeisterungsanforderungen werden in der Regel vom Kunden nicht explizit verlangt und auch nicht erwartet. Eine Begeisterungseigenschaft könnte z.B. ein Display auf der Vorderscheibe des Autos sein.

Auf eine wichtige Unterscheidung sei kurz hingewiesen.

Kundenzufriedenheit bezieht sich auf die Einstellung der Kunden und auf deren Erfahrungen mit den Produkten und Dienstleistungen des Unternehmens. Kundenzufriedenheitsmessungen sind deshalb vergangenheitsorientiert.

Kundenloyalität oder *Kundentreue* bezieht sich nicht auf Einstellungen, sondern auf das, was die Kunden wirklich tun. Kundenloyalitätsmessungen sind deshalb wichtige Indikatoren für das Verhalten der Kunden in der Zukunft.

Mit Hilfe von Umsatzzahlen lässt sich z.B. das effektive Kaufverhalten eines Kunden in der Vergangenheit messen. Umsatzzahlen liefern deshalb zuverlässige Anhaltspunkte, um das zukünftige Verhalten des Kunden vorherzusehen. Wenn die Käufe eines Kunden, die in der Vergangenheit regelmäßig erfolgten, zurückgehen, lässt das auf eine Abnahme der Kundenloyalität schließen.

Wenn die angestrebten Ergebnisse erzielt werden sollen, dann muss jede Handlung eines Mitarbeiters einen unmittelbaren oder mittelbaren Beitrag zur Zufriedenstellung eines externen oder internen Kunden leisten.

Führen mit strategischer Teilhabe
Stelle jedem Mitarbeiter die Frage: „Welches ist dein persönlicher Beitrag zur Zufriedenstellung eines internen oder externen Kunden? Was erwartest du, dass ich tue, um deinen Beitrag zu erhöhen?"

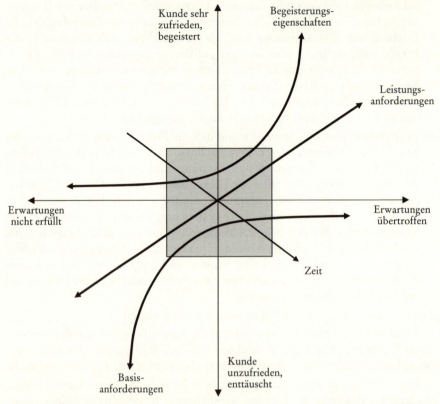

Abb. 5.3 Das Kano-Modell der Kundenzufriedenheit (Hinterhuber/Handlbauer/Matzler, 2003)

Jack Welch drückt, wie eingangs erwähnt, die Bedeutung der Schaffung von Kundenwert wie folgt aus: „The three most important things you need to measure in a business are customer satisfaction, employee satisfaction, and cash flow. If you're growing customer satisfaction, your global market share is sure to grow, too. Employee satisfaction feeds your productivity, quality, pride, and creativity. And cash flow is the pulse – the key vital sign of a company." General Electric misst die Kundenzufriedenheit mit dem Net Promotor Score.

5.3 Das soziale Kapital des Unternehmens erhöhen

In seinem letzten Buch stellt Gary Hamel seine Version der Maslow'schen Bedürfnishierarchie vor (Abbildung 5.4)[8]. Gehorsam, Fleiß und Fachwissen sind in einer globalisierten Welt „commodities"; sie können überall zu niedrigen Preisen „gekauft" werden. Was heute zählt und was den Unterschied im Wettbewerb ausmacht, sind die Initiative, Kreativität und Begeisterung der Führungskräfte und Mitarbeiter. Es sind diese drei letzt genannten Fähigkeiten, die den größten Anteil an der „value creation" haben.

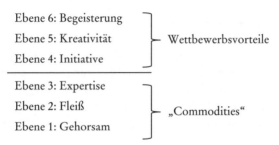

Abb. 5.4 Die Hierarchie der Einstellungen und Verhaltensweisen
(Quelle: Hamel, 2012, S. 141)

Ich möchte eine siebte Ebene hinzufügen: Die Beziehungsqualität, d.h. die Qualität der Beziehungen a) zwischen den Vorgesetzten und ihren Mitarbeitern, b) zwischen den Vorgesetzten untereinander und c) zwischen den Mitarbeitern. Die Qualität der Führung eines Unternehmens erkennt man an der Qualität dieser Beziehungen. Die Beziehungsqualität ist nach meiner Erfahrung einer der am schwersten zu imitierenden Wettbewerbsvorteile.

Meine Forschung und die empirische Evidenz zeigen, dass Unternehmen umso erfolgreicher sind, je besser die Qualität der Beziehungen zwischen den Führungskräften und den Mitarbeitern und unter den Mitarbeitern ist. Diese Beziehungen werden heute unter dem Begriff „soziales Kapital" zusammengefasst.[9] Je größer das soziale Kapital eines Unternehmens ist, desto eher sind die Mitarbeiter bereit, mehr zu arbeiten, als von ihnen erwartet wird, desto mehr Freude an der Arbeit haben sie und desto mehr engagieren sie sich, ihren persönlichen Beitrag zur Zufriedenstellung der Kunden zu leisten (Abbildung 5.5).

Die Erhöhung des sozialen Kapitals ist eine Frage von Leadership; die Frage ist, warum die Mitarbeiter bereit sind, ihren Vorgesetzten zu folgen und das zu tun, was sich diese von ihnen erwarten. Jonathan Haidt weist nach, dass Mitarbeiter eher bereit sind zu folgen, wenn sie sehen, dass ihr Team eine sinnvolle Aufgabe zu bewältigen hat und der Führende nicht ihre Fähigkeit und Bereitschaft zu selbständigem Handeln unterdrückt. Vier Faktoren be-

---

[8] Siehe G. Hamel, What Matters Now, a.a.O., S. 140 ff.
[9] J. Haidt, The Righteous Mind, London 2012, S. 23 ff.

Die Schließung der Lücke zwischen Umsetzung und Ergebnissen. Die Ergebnislücke

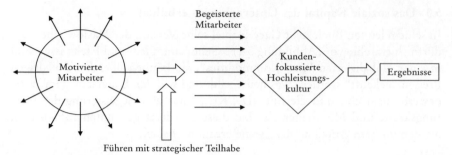

Abb. 5.5 Von der Motivation zu Ergebnissen

stimmen die Bereitschaft der Mitarbeiter, sich engagiert für die Zufriedenstellung der Kunden und für die Ergebnisverbesserung einzusetzen:

1. Die Autorität, mit der die Vorgesetzten ihre Macht ausüben. Die Autorität, die der Mitarbeiter seinem Vorgesetzten zuweist, muss legitimiert sein und von ihm akzeptiert werden. Autorität haben, heißt durch Vorbild und Überzeugung führen.
2. Der Ermessensspielraum, der den Mitarbeitern eingeräumt wird; die Mitarbeiter erwarten, dass der Sinn der von ihnen auszuführenden Tätigkeiten klar vermittelt wird und sie initiativ und kreativ arbeiten können. Eine wirksame Kommunikation kann bestimmte Verhaltensweisen in den Mitarbeitern hervorrufen: Sie kann im Mitarbeiter eine aktive und selbständige Teilnahme an den Tätigkeiten bewirken, für die er verantwortlich ist; sie kann aber auch das Gegenteil bewirken und den Mitarbeiter dazu verleiten, unkritisch all das zu tun, was der Vorgesetzte von ihm erwartet.
3. Die Loyalität der Mitarbeiter. Mitarbeiter sind dann loyal zum Unternehmen, wenn die Vorgesetzten sich um ihre Entwicklung kümmern, Respekt und Anerkennung zeigen und ihnen die Möglichkeit geben, bei ihrer Arbeit zu lernen und selbstständig zu arbeiten.
4. Ein gesunder Wettbewerb zwischen Teams und nicht zwischen Individuen. So wie im Krieg die Soldaten nicht ihr Leben für das Vaterland riskieren, sondern für ihre Kameraden in der gleichen Einheit, haben freundschaftliche Rivalitäten zwischen Teams positive Auswirkungen auf die Leistungsbereitschaft der Teammitglieder. Wird dagegen der Wettbewerb zwischen den Mitarbeitern um knappe Ressourcen wie z.B. Belohnungen gefördert, zerstört das Vertrauen und Moral.[10]

Je besser koordiniert und aufeinander abgestimmt die Verhaltensweisen der Führungskräfte und Mitarbeiter sind, desto höher ist das soziale Kapital eines Unternehmens. Je höher das soziale Kapital ist, desto mehr fördert die Kultur des Unternehmens Spitzenleistungen.

---

[10] Siehe J. Haidt, The Righteous Mind, a. a. O., S. 239–240.

Der soziale Zusammenhalt eines Teams und das Engagement der Mitglieder hängen letzten Endes von den Führungswerten ab, die von oben nach unten gelebt und vorgelebt werden. Wilhelm von Humboldt sagte einmal, dass es im Grunde die Beziehungen zu Menschen sind, die dem Leben seinen Sinn geben.

5.4 Führungswerte treiben das Geschäft

Werte bestimmen Einstellungen. Ein Beispiel: Unternehmerisches Verhalten bei der Arbeit ist für mich wichtig (= Wert). Werte bestimmen Einstellungen: Der Vorgesetzte bietet mir keine Möglichkeit für initiative, selbständige Arbeit im Interesse des Unternehmens; die Aufgaben, die ich zu bewältigen habe, sind nicht herausfordernd und liegen unter meinen Fähigkeiten (= Einstellung). Einstellungen bestimmen Verhalten: Ich gehe entweder in die innere Emigration, ich resigniere oder ich kündige (= Verhalten). Werte, Einstellungen und Verhalten werden durch persönliche Integrität verbunden (= Ich folge meinem Gewissen).[11]

Beispiele für *Werte* sind[12]:

- Unternehmerischer Antrieb: Nutzen die Mitarbeiter ihren Handlungsspielraum initiativ und selbständig, um Dinge im Interesse des Unternehmens zu verändern?
- Kundenorientierung: Hat der Kunde unsere erste Priorität? Versucht jeder, sein Verhalten aus der Sicht des Kunden zu bestimmen?
- Kostenorientierung: Fühlt sich jeder an seinem Platz für Kostensenkungen verantwortlich?
- Ganzheitliches Denken: Sehen die Mitarbeiter über ihren unmittelbaren Verantwortungsbereich hinaus?
- Innovationsorientierung: Werden innovative Bemühungen gefördert, anerkannt, belohnt und – wenn sie nicht zum gewünschten Ergebnis führen – nicht bestraft?

Diese Werte müssen zu *Verhaltensnormen* im Unternehmen werden:

- Unternehmerischer Antrieb: Wir wollen durch herausragende Produkte und Dienstleistungen besser und schneller sein als die Konkurrenten.
- Kundenorientierung: Die Interessen der Kunden sind auch unsere Interessen; wir finden heraus, was für die Kunden wichtig ist und streben langfristige Partnerschaften an.
- Kostenorientierung: Wir setzen unsere Ressourcen effizient ein und handeln kostenbewusst.
- Ganzheitliches Denken: Wir sehen über unsere eigenen Verantwortungsbereiche hinaus und handeln loyal im Interesse des gesamten Unternehmens.

---

[11] Siehe dazu mein gemeinsam mit E. Krauthammer verfasstes Buch: Leadership – mehr als Management, a. a. O., S. 100 ff.
[12] Den Werten kritisch gegenüber steht A. Rosenberg in seinem Buch: The Atheist's Guide to Reality, New York 2011, S. 279 ff.

- Innovationsorientierung: Wir möchten gerne in der Zeitung lesen, dass wir Technologieführer sind.

Aus diesen Verhaltensnormen lassen sich *Prioritäten* ableiten:

- Kundenorientierung: Die Begeisterung der Kunden durch zusätzliche Dienstleistungen muss unsere erste Priorität sein.
- Unternehmerischer Antrieb: Anerkennung, Lob für gute Arbeit, Förderung und Entwicklung der Mitarbeiter sollen vermehrt zur Zufriedenheit am Arbeitsplatz und zum Engagement der Mitarbeiter beitragen.

Diese Prioritäten dienen dann als Grundlage für *Zielvereinbarungen*:

- Kundenorientierung: Nach Auftragserteilung und nach Produktauslieferung oder Bereitstellung der Dienstleistung wird dem Kunden mindestens eine auf ihn zugeschnittene außergewöhnliche Leistung geboten.
- Unternehmerischer Antrieb: Jeder Mitarbeiter kennt konkret seinen Beitrag zur Kundenzufriedenheit.

Der Ring des Gyges
Vor einem Jahr sagte der damalige CEO von Barclay, Bob Diamond, in einer Rede:" For me the evidence of culture is how people behave when no one is watching". Im Juli 2012 tritt er wegen der Libor-Affäre zurück und verzichtet auf 50 Prozent seines Bonus.
Mit dieser Aussage bezieht sich Bob Diamond vermutlich auf den Ring des Gyges, von dem Plato im *Staat* berichtet. Gyges, der als ehrlicher Mann galt, erhielt einen Zauberring, der unsichtbar machte. Er vermochte den Versuchungen nicht zu widerstehen. Mit Hilfe des Ringes drang er in den Palast ein, verführte die Königin, ermordete den König, riss die Macht an sich und übte sie zu seinem Vorteil aus. Aus der Geschichte könnte man entnehmen, dass sich Gut und Böse nur durch Heuchelei unterscheiden, wie geschickt es jemand anstellt, sich zu verstellen, wie viel Bedeutung er dem Urteil der anderen beimisst.
„Stell dir vor", so André Comte-Sponville, „du hättest diesen Ring. Was tätest du? Was tätest du nicht? ... Diese Frage betrifft dich ganz allein, dich ganz und gar. All das, was du nicht tust, dir aber gestatten würdest, wenn du unsichtbar wärest, gehört weniger in den Geltungsbereich der Moral als in den der Vorsicht oder Heuchelei. Was du dir hingegen, auch wenn du unsichtbar wärest, weiterhin auferlegtest oder verbötest, und zwar nicht aus Eigennutz, sondern aus Pflichtgefühl, das allein wäre Moral im eigentlichen Sinne ... Deine Moral? Das, was du von dir verlangst, unabhängig vom Blick der anderen oder dieser oder jener äußeren Drohung – sondern im Namen einer bestimmten Vorstellung von Gut und Böse, von Verpflichtung und Verbot, von Zulässigem und Unzulässigem, von der Menschheit und dir. Konkret: Die Gesamtheit der Regeln, denen du dich unterwürfest, selbst wenn du unsichtbar und unbesiegbar wärest".
Diese Geschichte findet sich in: A. Comte-Sponville, Glück ist das Ziel, Philosophie der Weg, Zürich 2010, S. 18-20

Meine Erfahrungen zeigen, dass die Unternehmen im Erzielen von Ergebnissen erfolgreich sind, in denen der Großteil der Handlungen freiwillig erfolgt und in denen jeder Mitarbeiter die Frage beantworten kann: „Welcher ist *dein* konkreter Beitrag zur Zufriedenheit eines externen oder internen Kunden?" Die erfolgreichen Unternehmen sind die, in denen die Mitarbeiter die richtigen Dinge rechtzeitig tun. Die richtigen Dinge sind die, welche die Qualität der Produkte und Dienstleistungen erhöhen, Kundenwert versus Kosten in Einklang bringen und die Kundenbeziehungen verstärken.

Die Werte in einem Unternehmen lassen sich auf vielfache Weise beeinflussen; durch:
- die Zusammensetzung des Teams,
- das Verhalten der Führungsspitze,
- das Anreizsystem, das gutes Verhalten nach Maßgabe der Führungswerte belohnt und schlechtes bestraft,
- Leadership Development,
- die Art und Weise, wie Erfolge gefeiert werden,
- und dgl. mehr.

Werden Werte, Normen, Prioritäten und Ziele von oben nach unten vorgelebt, dann verstehen die Mitarbeiter gleichsam von selbst, was zu tun ist, und sie sind auch davon überzeugt, dass sie die richtigen Dinge tun; sie handeln, ohne auf Weisungen von oben zu warten.

Kann man den Mitarbeitern vorschreiben, wie sie sich im Unternehmen zu verhalten haben?
Als Shigenobu Nagamori vor 30 Jahren eine Maschinenfabrik gründete, beschritt er einen neuen Weg der Mitarbeiterschulung. Er verlangte von jedem neuen Mitarbeiter, dass er die Toilette reinigte – ohne Bürste und Reinigungsmittel, mit bloßen Händen. In einer Firmenbroschüre erklärte er seinen Mitarbeitern diese unübliche Methode: „Ich bin fest überzeugt, dass die Toilettenreinigung das Herz eines jeden Mitarbeiters reinigt und gleichermaßen der Ausgangspunkt der Qualitätskontrolle ist".
Nagamori ist ein gutes Beispiel für einen Chef, dessen Anordnungen weit über das hinausgehen, was üblicherweise als notwendig dafür angesehen wird, dass eine Arbeit gut gemacht wird. Diese Art von Führenden neigt dazu, Regeln aufzustellen, die jedem Mitarbeiter genau sagen, wie er sich verhalten soll und wie nicht.
Quelle: L. Kellaway, Life and Arts, in: Financial Times, June 16/June17, 2012, S. 3

5.5 Die Zufriedenheit der Mitarbeiter mit ihrem Arbeitsplatz und das Führungsverhalten ihrer Vorgesetzten bestimmen die Ergebnisse und lassen sich messen

Frustrierte Mitarbeiter bringen keine herausragende Leistung. Ohne den engagierten Einsatz der Mitarbeiter ist unser Einsatz nur die Hälfte wert, lautet

Die Schließung der Lücke zwischen Umsetzung und Ergebnissen. Die Ergebnislücke

eine alte Managementweisheit. Die Mitarbeiter wollen als Individuen und mit ihren Ansichten ernst genommen und nach ihrer Meinung befragt werden, sie wollen rechtzeitig wissen, warum und zu welchem Zweck bestimmte Entscheidungen notwendig sind, sie erwarten, dass sich jemand um sie kümmert und ihre Entwicklung fördert. Eine vertrauensvolle, glaubwürdige Einstellung am Arbeitsplatz lässt sich wie folgt definieren: „Du, lieber Mitarbeiter, kannst auf mich zählen, weil ich dein Vorgesetzter bin. Ich kann auf dich zählen, weil du mein Mitarbeiter bist". Diese Dinge lassen sich messen. Buckingham und Coffman haben eine Methode entwickelt, mit der die Zufriedenheit der Mitarbeiter mit ihrem Arbeitsplatz und die Qualität des Führungsverhaltens ihrer Vorgesetzten gemessen werden können; mit über 10 Millionen Interviews von Führungskräften ist die Gallup-Studie die weltweit größte Untersuchung von Mitarbeiterzufriedenheit und Führungsverhalten.[13]

Mit Hilfe von zwölf standardisierten Fragen lassen sich die Qualität des Arbeitsplatzes und die Führungsfähigkeit eines Vorgesetzten messen (Abbildung 5.6).

	Ich stimme überein	Ich stimme nicht überein
1. Ich weiß, was von mir bei der Arbeit erwartet wird.	1 2 3 4 5	
2. Ich habe die Materialien und die Einrichtungen, die ich brauche, um meine Arbeit wirksam auszuführen.	1 2 3 4 5	
3. Ich habe bei der Arbeit die Möglichkeit, das zu tun, was ich am besten kann.	1 2 3 4 5	
4. Ich habe in der vergangenen Woche Anerkennung oder Lob für gut getane Arbeit erhalten.	1 2 3 4 5	
5. Mein Vorgesetzter oder eine andere Führungskraft im Unternehmen kümmert sich um mich als Person.	1 2 3 4 5	
6. Jemand im Unternehmen fördert meine Entwicklung.	1 2 3 4 5	
7. Meine Ansichten zählen bei der Arbeit.	1 2 3 4 5	
8. Das Leitbild des Unternehmens vermittelt mir den Eindruck, dass meine Arbeit wichtig ist.	1 2 3 4 5	
9. Meine Kolleginnen und Kollegen setzen sich für Qualitätsarbeit ein.	1 2 3 4 5	
10. Ich habe jemanden bei der Arbeit, dem ich wirklich vertraue.	1 2 3 4 5	

---

[13] Siehe M. Buckingham u. C. Coffman, First, Break All the Rules: What the World's Greatest Managers Do Differently, New York 1999; für ein Follow-up siehe R. Wagner u. J. K. Harter, 12: The Elements of Great Managing, New York 2006.

	Ich stimme überein	Ich stimme nicht überein
11. In den vergangenen sechs Monaten hat jemand mit mir über meine Fortschritte bei der Arbeit gesprochen.	1 2 3 4 5	
12. Im vergangenen Jahr habe ich die Möglichkeit gehabt, bei der Arbeit zu lernen und zu wachsen.	1 2 3 4 5	

Abb. 5.6 Die Messung der Qualität des Arbeitsplatzes und der Führungsfähigkeiten des Vorgesetzten (in Anlehnung an Buckingham/Coffman, 1999)

In einer gut geführten Abteilung beantworten mindestens 80 Prozent der Mitarbeiter diese 12 Fragen mit „1" oder mit „2"; d.h. die Mitarbeiter sind mit der Qualität ihres Arbeitsplatzes zufrieden, das Führungsverhalten ihrer Vorgesetzten ist exzellent. Je niedriger dieser Wert ist, desto unzufriedener sind die Mitarbeiter mit ihrem Arbeitsplatz und desto schlechter ist das Führungsverhalten der Vorgesetzten.

Mit Hilfe dieser zwölf Fragen wird jeder Vorgesetzte verantwortlich gemacht, wie seine Mitarbeiter diese zwölf Fragen beantworten; er wird von seinen Vorgesetzten zur Rechenschaft gezogen, wenn weniger als 80 Prozent seiner Mitarbeiter diese Fragen mit „1" oder mit „2" beantwortet.

In den Abteilungen, in denen mehr als 80 Prozent der Mitarbeiter diese Frage zustimmend beantworten, liegen der Turnover und die Krankheitsrate signifikant unter denen der Abteilungen, in denen die Zustimmung niedriger ist. In den gut geführten Abteilungen sind außerdem die Produktivität, Kreativität und der Beitrag der Mitarbeiter zur Zufriedenstellung externer und interner Kunden signifikant höher als in schlecht geführten Abteilungen.

5.6 Das Geheimnis des Erfolges

Für Henry Ford liegt das Geheimnis des Erfolges „in der Fähigkeit, den Gesichtspunkt des anderen zu verstehen und die Dinge von seinem und gleichzeitig auch von unserem Standpunkt zu sehen"[14]; man solle Konfrontationen vermeiden, den anderen nicht in eine Kampfstimmung bringen, Gespräche auf freundliche Weise beginnen, aktiv zuhören und niemals sagen: „Du liegst falsch, Du irrst". Wenn wir die Einstellung des anderen verstehen, wenn wir Empathie und Mitgefühl zeigen, lässt sich das Verhalten eines anderen, und oft auch unser Verhalten, leichter ändern als wenn wir ihn zu einer Konfrontation herausfordern. Die Kunst des Kontrollierens besteht darin, ein Klima des Helfens einzurichten und den Mitarbeitern Sicherheit zu vermitteln. Die Sicherheit liegt im Vorsprung und in der Zukunft des Unternehmens und nicht in der Vergangenheit. Eine kundenfokussierte Hochleistungskultur ent-

---

[14] Zitiert aus J. Haidt, The Righteous Mind, a.a.O., S. 49.

Die Schließung der Lücke zwischen Umsetzung und Ergebnissen. Die Ergebnislücke

steht in dem Maß, wie die Mitarbeiter wissen, wohin die Reise geht und warum sich die Reise lohnt.

Pro-aktiv den Kurs korrigieren

Wenn die NASA eine Rakete in Richtung Mars abschießt, um die Oberfläche des Planeten besser zu erkunden, jedoch bei einer aufkommenden Störung nicht *rechtzeitig* Korrekturmaßnahmen vornimmt, wird die Rakete am Mars zerschellen oder am Mars vorbeifliegen und für immer im Weltall verschwinden. Die Vorfälle im Unternehmen entsprechen nicht unbedingt der gleichen Größenordnung wie bei der Marsrakete, doch die Summe aller Vorfälle ergibt einen ansehnlichen Betrag.

Es gibt in jedem Unternehmen wichtige Momente, in denen die Unternehmensleitung eine Entscheidung treffen muss. Oft ist es nicht möglich, die Mitarbeiter zusammenzurufen. Die Unternehmensleitung muss somit ein mehr oder weniger kalkulierbares Risiko eingehen.[15] Führungskräfte, die an die Emotionen ihrer Mitarbeiter und der Kunden appellieren, gewinnen deren Vertrauen leichter als die, die die Vernunft ansprechen. Bewusst eingesetzte Emotionen können das Engagement der Mitarbeiter und den Kaufwillen der Kunden anspornen. Die Emotionen dürfen jedoch nicht, wie Aristoteles sagt, die Rolle des Feldherrn spielen, sondern die des Soldaten.

Erfolge gemeinsam feiern

Die Bündelung und Kanalisierung der Kräfte in Richtung Ergebnisse kann durch Events, z. B. Verleihung von Preisen, gemeinsam begangen werden. Der Event sollte kreativ angegangen werden, damit er bei den Mitarbeitern eine bleibende Erinnerung hervorruft. Das kann auch dadurch erfolgen, dass Möglichkeiten der Begegnung, z. B. auf firmeninternen Aus- und Weiterbildungsveranstaltungen, mit den obersten Führungskräften geschaffen werden. Es ist erstaunlich, wie viele Mitarbeiter mit den obersten Führungskräften nie in Kontakt gekommen sind. Eine einzige Begegnung kann Berge versetzen und das Leben eines Menschen verändern.

Ein Fall

Der Vorstandsvorsitzende eines DAX 30-Unternehmens betont vor den Führungskräften, die ihm die Aktionspläne und die Ergebnisse für die einzelnen Geschäftseinheiten vorlegen: „Ein Unternehmen muss eine Vorstellung haben, was es in Zukunft sein will; ich habe den Eindruck, dass Sie wohl wissen, wie wir eine Position der Einzigartigkeit auf unseren Märkten aufbauen könne, dieses Ziel jedoch in keinem Markt erreichen. Ihre Aktions-

---

[15] Siehe dazu mein gemeinsam mit E. Krauthammer verfasstes Buch: Der Kunde als Botschafter. Wie führe ich mein Unternehmen erfolgreich in die Zukunft?, Berlin 2005, S. 137.

pläne lesen sich plausibel und sind nachvollziehbar, sie sind hinreichend dokumentiert und mit Zahlen belegt und erscheinen erfolgversprechend.

Die Wirtschaftsergebnisse, die wir erzielt haben, sind jedoch unbefriedigend im Vergleich zu den Ergebnissen unserer Hauptkonkurrenten. Ich glaube, wir sollten uns fragen, warum: Wir formulieren Aktionspläne, die von den leitenden Mitarbeitern verstanden werden und für die sie sich auch initiativ einsetzen. Unsere Aktionspläne nehmen jedoch keine Rücksicht auf die Einstellungen unserer Mitarbeiter und auf die sich ändernden Kundenbedürfnisse; sie nehmen keine Rücksicht auf die Erfahrungen, das Knowhow und auch auf die Gefühle unserer Mitarbeiter; sie lassen auch kaum Eigeninitiative und Selbsttätigkeit der Mitarbeiter vor Ort aufkommen. Mir scheint, dass wir – ich schließe mich selbst nicht aus, viel zu wenig den Gesichtspunkt des anderen, des Kunden und des Mitarbeiters, verstehen und auch viel zu wenig die Dinge von seinem und gleichzeitig auch von unserem Standpunkt sehen. Unsere Mitarbeiter scheinen nicht in der Lage zu sein, den Kunden die Qualität unserer Produkte zu vermitteln, die Kundenbeziehungen entsprechen, wie ich höre, nicht den Vorstellungen unserer Kunden. Die Qualität auch der Mitarbeiterbeziehungen liegt unter meinen Erwartungen; die Vorgesetzten in vielen Bereichen scheinen nicht das Vertrauen ihrer Mitarbeiter zu haben, sie kümmern sich offensichtlich zu wenig um sie ...".

5.7 Zusammenfassung

Es gibt zahlreiche Gründe, warum in den meisten Unternehmen eine Lücke zwischen Umsetzung und angestrebten Ergebnissen besteht. Einer der Hauptgründe ist der, dass der Handlungsspielraum der Mitarbeiter durch Vorschriften, Regelungen und Genehmigungen so eingeschränkt ist, dass sie an Ort und Stelle wenig bewegen können. Will das Unternehmen anpassungsfähig und innovativ sein, brauchen die Mitarbeiter Freiheitsspielräume, innerhalb denen sie zur Zufriedenstellung der externen und internen Kunden beitragen können. Eine kundenfokussierte Hochleistungskultur schafft diese Freiräume und ist der Ansatz, mit der die Lücke zwischen Umsetzung und Ergebnissen geschlossen werden kann.

Die Hauptergebnisse dieses Abschnittes lassen sich wie folgt zusammenfassen:
1. Die kundenfokussierte Hochleistungskultur ist die Resultierende aus vielen Faktoren, die dem Einfluss der Unternehmensleitung unterliegen. Die wichtigsten sind: Die Ideen der Mitarbeiter in Bezug auf Kundenwert und Kundenbeziehungen werden ernst genommen, unabhängig von der hierarchischen Ebene der Mitarbeiter; die Vorgesetzten helfen ihren Mitarbeitern, für die sie Mentoren sind, hohe Standards zu erreichen; der Handlungsspielraum der Mitarbeiter wird in dem Maß erweitert, wie sie Einblicke in die strategischen Absichten der Unternehmensleitung haben;

entsprechende Aus- und Weiterbildungsprogramme fördern die kundenfokussierte Hochleistungskultur.
2. Ergebnisse werden erzielt durch zufriedene Kunden und durch engagierte Mitarbeiter, die die strategischen Absichten der Unternehmensleitung kennen und über eine effiziente Infrastruktur verfügen.
3. Das Kano-Modell zeigt, welchen Beitrag jeder Mitarbeiter zur Zufriedenstellung der externen und internen Kunden leisten muss. Es ist Aufgabe der Vorgesetzten, ein Klima des Helfens und des Dienens zu schaffen.
4. Das soziale Kapital eines Unternehmens resultiert aus der Qualität der Beziehungen zwischen den Führungskräften und den Mitarbeitern und unter den Mitarbeitern. Je höher das soziale Kapital ist, desto größer sind die Entscheidungsfreudigkeit und das Engagement der Mitarbeiter. Es wird gezeigt, wie das soziale Kapital erhöht werden kann.
5. Werden die Führungswerte, Normen und prioritären Ziele von oben nach unten vorgelebt, dann verstehen die Mitarbeiter gleichsam von selbst, was zu tun ist, um die angestrebten Ergebnisse zu erzielen.
6. Die Zufriedenheit der Mitarbeiter mit ihrem Arbeitsplatz und das Führungsverhalten der Vorgesetzten bestimmen die Ergebnisse. Beide können gemessen werden.

6. Schlussfolgerungen und Ausblick

> *„Die Heeresführung ist verhältnismäßig leicht,*
> *wenn man über Unterführer und Truppen verfügt,*
> *denen man vertrauen kann, dass sie mit eigener*
> *Einsicht und Kraft unvorhergesehenen Ereignissen*
> *begegnen und die nachteiligen Folgen vorkommender*
> *Irrtümer der Oberleitung abwenden werden."*
> Helmuth von Moltke

6.1 Der Mensch steht über der Strategie

Theorien sind wie Brillen, mit denen wir die Welt sehen; sie erklären uns, warum etwas geschieht, welche Ursachen verantwortlich sind, dass es geschieht, und wie wir damit umgehen können.[1] Sie sagen uns, warum und wie Probleme und Möglichkeiten auftreten und wie wir sie bewältigen können. Theorien sind aber vor allem deshalb nützlich, weil sie die Wahrscheinlichkeit erhöhen, vorauszusehen, welche Probleme und Möglichkeiten in naher Zukunft auftreten könnten und wie wir uns heute darauf einstellen können. Die Analyse der Vergangenheit kann uns allerdings nicht viel über die Zukunft lehren. Alexander Rosenberg weist überzeugend nach, dass „the only part of the past that can tell us much about the future is the very recent past, and the only thing it can tell us about is the very near future. At most the social sciences can uncover temporary truces that will be inevitably overthrown by an arms race. Since these truces are getting shorter all the time, the amount they can tell us is getting smaller all the time".[2]

Die Theorie, auf der dieses Buch beruht, ist die Führungskonzeption Helmuth von Moltkes (1800–1891). Helmuth von Moltke, der selbst keine Kriegslehre schrieb, war kein ausschließlich militärischer Fachmann, er verfügte über ein universales Weltbild im Sinne des Goethe'schen Zeitalters. Durch die Weite seines geistigen Horizontes wächst er über das rein „Militärische" hinaus; auch wenn er keine Kriege gewonnen hätte, wäre er durch seine literarischen Werke, vor allem seine Briefe aus der Türkei, in die Weltliteratur eingegangen. Seine militärischen Leistungen beruhen nicht auf den Eigenschaften eines mitreißenden Schlachtenhelden, sondern auf der Klarheit und Sachlichkeit seiner Pläne, in denen alle Eventualitäten einer Auseinandersetzung vorherbedacht und auf das Für und Wider geprüft worden waren. Sein Lebensgrundsatz war, die Dinge erst zu wägen, bevor er sie wagte.

---

[1] Ich folge C. M. Christensen, J. Allworth u. K. Dillon, How Will You Measure Your Life?, New York 2012, S. 5 ff.
[2] A. Rosenberg, The Atheist's Guide to Reality, a. a. O., S. 274.

Moltke beherrscht die Kunst, immer vorbereitet zu sein. Er ist nach meinem Dafürhalten der letzte große Stratege; seine Epigonen bis auf unsere Zeit sind militärische Fachleute ohne kulturelle Perspektiven, deren Lehren für die strategische Führung von Unternehmen nach meiner Meinung ohne größere Bedeutung sind. Helmuth von Moltke revolutionierte die militärische Führung im 19. Jahrhundert, indem er die vorherrschende Führung mit Befehlen von oben und Gehorsam von unten durch eine „Führung mit Direktiven" ersetzte. Führung mit Direktiven wird heute als „Auftragstaktik" bezeichnet und in nahezu allen Heeren der Welt angewandt. Sie ist als Führungskonzeption auch in der Wirtschaft von großer Bedeutung; ich bezeichne sie als „Führen mit strategischer Teilhabe".

Führen mit strategischer Teilhabe heißt:
- Die Führungskräfte über die strategischen Absichten in Kenntnis zu setzen, zu deren Entwicklung jede Führungskraft ihren Beitrag leistet,
- ihnen bei der Lösung der ihnen zufallenden Aufgaben innerhalb der gebotenen Grenzen möglichst große Selbständigkeit einzuräumen,
- die kreativen Kräfte im Unternehmen zur Geltung zu bringen,
- den Führungskräften und diese in abgestufter Folge ihren Mitarbeitern eine weitgehende Selbständigkeit einzuräumen,
- die Führungskräfte und Mitarbeiter zu Eigeninitiative, Selbstvertrauen und Selbsttätigkeit erziehen,
- einen nachhaltigen, positiven Eindruck zu hinterlassen, in dem man die Führungskräfte in die strategischen Absichten einbezieht, ihre Anregungen berücksichtigt, ihnen Anregungen zum Weiterdenken und somit zur Überwindung partikulärer Interessen gibt,
- aus Andeutungen unmittelbar das Ganze herauszuhören,
- Vertrauen in die Fähigkeiten der Führungskräfte und Mitarbeiter zu haben.

Der Gesprächspartner soll eine gute Führungspersönlichkeit im Gefühl verlassen, eine wichtige Rolle im Leben des Unternehmens zu spielen.

Das System der Ausbildung, wie es sich unter Moltke herauskristallisiert hat und auch auf die Wirtschaft unserer Zeit übertragbar ist, beruht auf vier wesentlichen Punkten:

1. einer ungewöhnlich straffen Ausbildung und einer strengen Auswahl,
2. einer Ausbildung, die weniger das rein Handwerkliche auf dem Gebiet der Führung betont und mehr zu einer kreativen Mitarbeit in der höheren Führungsebene befähigt,
3. einer unbürokratischen Arbeitsweise,
4. der wirksamen Verbindung von Leitung und Gewährenlassen.

Die Erfahrungen und Beispiele in diesem Buch beruhen weitgehend auf meiner Lehrtätigkeit in MBA-Programmen in Deutschland, Österreich, in der Schweiz, in Spanien, Italien, in der Türkei und in Japan; sie sind darüber hinaus das Ergebnis meiner langjährigen Tätigkeit als Berater und Leiter von Aus- und Weiterbildungsseminaren in der Wirtschaft. In einem Aufsatz in der

„Harvard Business Review" haben Wolfgang Popp und ich das erste Mal Moltkes Führung mit Direktiven einem weltweiten Leserkreis vorgestellt.[3] Mein Buch „Strategische Unternehmensführung" beruht auf diesem Konzept. Im Jahr 2011 hat Stephen Bungay Moltkes Gedankengänge wieder aufgenommen und Unternehmern und Führungskräften zur Anwendung empfohlen.[4]

In diesem Buch zeige ich, dass im Unternehmen in der Regel von der Führung bis zu den konkreten, angestrebten Ergebnissen vier Lücken bestehen (Abbildung 6.1):

1. die Leadershiplücke zwischen dem Reservoir an Führungskräften im Unternehmen und den Strategien, die die Unternehmensleitung unter Einbindung der verfügbaren Führungskräfte verfolgen kann;
2. die Planungslücke, d.h. die Lücke zwischen den strategischen Absichten der Unternehmensleitung und dem Verständnis und der Interpretation, mit der die Führungskräfte die strategischen Absichten in wirksamen Aktionsplänen ausdrücken;
3. die Umsetzungslücke, d.h. die Lücke zwischen dem, was die Aktionspläne beinhalten und dem, was davon umgesetzt wurde,
4. die Ergebnislücke, d.h. zwischen dem, was konkret umgesetzt wurde und den Ergebnissen, die dabei erzielt wurden.

Lücken	Beschreibung	Mögliche Ursachen	Überwindung durch…
Leadershiplücke	… zwischen Leadership und strategischen Absichten	… es fehlen die geeigneten Führungskräfte oder sie müssen erst entwickelt oder am Markt gesucht werden	… Auswahl und Entwicklung der Führungskräfte (Leadership-Matrix)
Planungslücke	… zwischen den strategischen Absichten und Aktionsplänen	… die strategische Absicht wird falsch oder opportunistisch interpretiert	… Führen mit strategischer Teilhabe
Umsetzungslücke	… zwischen Aktionsplänen und Umsetzung	… nicht alles, was geplant ist, wird auch rechtzeitig und innerhalb der Kostenlimits umgesetzt	… Work-Out
Ergebnislücke	… zwischen Umsetzung und angestrebten Ergebnissen	… schlechte Führung durch die Vorgesetzten, bürokratische Regelungen	… eine kundenfokussierte Hochleistungskultur

Abb. 6.1 Mögliche Ursachen und Methoden zur Überwindung der Lücken zwischen Strategie und Ergebnissen

---

[3] Siehe H. H. Hinterhuber u. W. Popp, Are You a Strategist of Just a Manager, in: Harvard Business Review 70, No. 1, 1992, S. 105–113.
[4] Siehe St. Bungay: The Art of Action, a. a. O., S. 57 ff.

Diese Lücken haben verschiedene Ursachen. Die Leadershiplücke kann darauf zurückzuführen sein, dass die geeigneten Führungskräfte für die Strategien der Strategischen Geschäftseinheiten nicht zur Verfügung stehen, erst entwickelt oder von Dritten abgeworben werden müssen. Das Buch zeigt, wie diese Lücke geschlossen werden kann; das Instrument ist die Leadership-Matrix.

Die Planungslücke ergibt sich aus der Tatsache, dass häufig die Führungskräfte die Strategien nicht in dem Sinn interpretieren, wie es von der Unternehmensleitung erwartet wird. Diese Lücke lässt sich schließen, in dem die Unternehmensleitung den Führungskräften einen Ausschnitt aus ihren strategischen Absichten gibt, so dass sie kreativ und initiativ im Interesse des Unternehmens und nach Maßgabe der sich ändernden Umweltbedingungen die entsprechenden Aktionspläne ausarbeiten können.

In einer turbulenten und volatilen Umwelt entspricht die Umsetzung häufig nicht dem, was in den Aktionsplänen vorgesehen ist. Die Ausführungen stellen ein System vor, mit dem diese Lücke geschlossen werden und die Aktionspläne innerhalb der geplanten Zeiten und Kosten umgesetzt werden können. Dieses System ist der Work-Out-Prozess.

Was umgesetzt wird, muss noch nicht den angestrebten Ergebnissen entsprechen. Die Ergebnislücke lässt sich in vielen Fällen durch eine kundenfokussierte Hochleistungskultur schließen.

In einer unsicheren, globalen und schwer interpretierbaren Welt braucht das Unternehmen, wenn es seinen Wert nachhaltig steigern will, Führungskräfte, die über den kleinen oder großen Bereich, für den sie verantwortlich sind, hinausdenken; es braucht Führungskräfte, die wie Unternehmer denken und handeln und sich in die Lage sowohl der anderen als auch der übergeordneten Entscheidungsträger versetzen können. Die Strategie ist ein „System der Aushilfen", das nicht schematisiert werden kann. Es beruht auf der Pflege und Weckung selbständig operativer Entscheidungen in der Organisation. Ich möchte mit diesem Buch Unternehmern und Führungskräfte eine neue Sicht der Führung vorschlagen, mit ihnen neue Wege erkunden, entdecken und schaffen, wie ein Unternehmen in einer volatilen und kompetitiven Umwelt geführt und wie konkrete Ergebnisse erzielt werden können.

Kreative Anstöße, Initiative, Motivation und Engagement sind von den Führungskräften und Mitarbeitern nur dann zu erwarten, wenn sie einen Ausschnitt aus den strategischen Absichten der Unternehmensleitung erhalten und sie die Arbeitswelt als sinnvollen Teil ihres Lebens gestalten können. Führen mit strategischer Teilhabe gibt den Führungskräften und Mitarbeitern die Möglichkeit, sich in einer Atmosphäre des Vertrauens und Selbstvertrauens zu entfalten. Führen mit strategischer Teilhabe verbindet das, was im Interesse des Unternehmens ist und dessen nachhaltigen Erfolg bestimmt, mit dem, was auch für die Führungskräfte und Mitarbeiter förderlich ist. Abbildung 6.2 enthält ein Arbeitsblatt für die Identifizierung und Schließung der Lücken zwischen einer exzellenten Führung und den angestrebten Ergebnissen.

Art der Lücke	Besteht eine Lücke? Wenn ja, beschreibe sie	Alternative Lösungsansätze			Entscheidung: To-do-Liste	Follow-up
		A	B	C		
Leadershiplücke						
Planungslücke						
Umsetzungslücke						
Ergebnislücke						
...						

Abb. 6.2 Arbeitsblatt für die Analyse und Schließung der Lücken

Dieses glückliche Zusammentreffen dessen, was menschlich wünschenswert und für die Entwicklung des Unternehmens von Vorteil ist, wird die mühsame Aufgabe, die alle erwartet, die sich für mehr Menschlichkeit in den Organisationen und für eine höhere Arbeitsqualität einsetzen, attraktiver und weniger schwierig machen.

6.2 Was macht den Strategen aus?

„Strategie ist nichts weiter als die Anwendung des gesunden Menschenverstandes", sagt Helmuth von Moltke, einer der größten Strategen in der Geschichte der Menschheit. Er meint damit die Fähigkeit, alle naheliegenden Dinge in der richtigen Perspektive zu sehen und den leitenden Gedanken der Strategie entsprechend den stets sich ändernden Verhältnissen fortzubilden, um die angestrebten Ziele zu erreichen. Gesunden Menschenverstand, Gefühl für das Mögliche, Gespür, wohin der Markt geht und was die Kunden wirklich wollen, Sinn für Proportionen, Vorsicht, kritische Urteilsfähigkeit, Überzeugungskraft, Glück – all das brauchen Strategen; das lässt sich, wie Helmuth von Moltke sagt, nicht lehren. Was sich aber lehren lässt, sind strategische Fähigkeiten: die Auswahl der Führungskräfte und Mitarbeiter, die Allokation der Ressourcen, die Methoden der Führung, Professionalität, Kommunikationsfähigkeit, Personifizierung einer Gemeinschaft, die Vorbereitung und Durchführung der „großen Manöver". Die Entscheidung, diese „Manöver" zu beginnen und nach einem strategischen Konzept zu führen sowie die Wahl des Zeitpunktes hängen von vielen Faktoren ab, die sehr subtil und individuell sind und sich einer Analyse weitgehend entziehen: von der persönlichen Autorität des Unternehmers oder der Führungskraft, von seiner Fähigkeit, eine unternehmerische Vision zu entwickeln und dem aktiven Verständnis gleichgesinnter Mitarbeiter nahezubringen, von seiner Energie und Risikoneigung, seiner Sicht eines möglichen Fortschritts, seiner Sicherheit, seiner Aufmerksamkeit für Details, seinem Pflichtbewusstsein, seiner Ausdauer und Entschlossenheit, seinem Bruch mit der Vergangenheit und vielen anderen mehr. Diese Elemente sind nicht messbar, sondern nur *ex post* feststellbar. Ohne diese Elemente führt aber keine Strategie zum Erfolg.

Die Glaubwürdigkeit der Führenden hängt von der Hingabe an einen gemeinsamen Zweck, ihrem respektvollem Umgang mit den Mitarbeitern, der Übereinstimmung zwischen dem, was sie sagen und dem, was sie tun, ihrem Mut und ihrer Energie, Ressourcen und Wege zu finden, wo andere verzweifeln, kurz von Faktoren ab, die, wie erwähnt, sehr subtil und individuell sind. Die Strategie ist untrennbar mit dem Wesenskern und mit der Persönlichkeit eines Menschen verbunden, der sein Herz in seinem Beruf und „einen Gang mehr in seinem Antriebssystem" hat als die anderen.

Der Stratege stellt sich „Aufgaben, die er – zumindest zunächst – kaum bewältigen kann; er muss sich Ziele setzen, die seine Möglichkeiten – zumindest im Moment – überschreiten, und er muss an alles, was er tut oder tun könnte, Qualitätsmaßstäbe anlegen, die jedes Mal weit über seinen – augenblicklichen – Fähigkeiten liegen".[5]

Was macht nun den Strategen aus? In meinem Buch: Die 5 Gebote für exzellente Führung, habe ich zehn Kriterien vorgeschlagen, mit denen die strategische Führungskompetenz eines Unternehmers oder einer Führungskraft gemessen werden können. Die Kriterien können es Unternehmern und Führungskräften vielleicht leichter machen, die Frage zu beantworten: „Bin ich ein Stratege?"[6] Wer zudem imstande ist, die Lücken zwischen Strategie und Ergebnissen zu schließen, der ist mit Sicherheit ein Stratege. Abbildung 6.3 fasst das Führen mit strategischer Teilhabe zusammen.

Es gibt eine alte Hindu-Maxime, deren Wahrheit unbestreitbar ist: „Was ein Mensch denkt, das wird er". Wenn einer immer an gute Taten denkt, so wird er am Ende ein guter Mensch; wenn einer immer an Schwächen denkt, wird er schwach werden. Wenn ein Unternehmer in schwierigen Zeiten an eine glänzende Zukunft denkt, wird er, so der britische Unternehmer Luke Johnson, langfristig erfolgreich sein. Wenn einer dagegen eine pessimistische Einstellung hat, steckt er auch andere an und macht die Situation noch schlimmer.

Wenn einer denkt, welchen Nutzen er den Kunden bieten, wie er seine Mitarbeiter dafür begeistern kann und eine effiziente Struktur aufbaut, wird er, um mit Meister Eckehart zu sprechen, ein „anhebender Mensch".

Indem wir uns selbst ändern, ändern wir die Organisation, in der wir arbeiten, und auch die Umwelt; dadurch, dass wir uns von Illusionen, von Egozentrismen und von falschen Vorstellungen über uns und die anderen befreien

---

[5] Z. Bauman: Wir Lebenskünstler, Berlin 2010, S. 38.
[6] Siehe mein Buch: Die 5 Gebote für exzellente Führung, a. a. O., S. 59 ff; im Beitrag: Are You a Strategist or Just a Manager, in: Harvard Business Review 70, No. 1, 1992, S. 105–113 beschreiben W. Popp und ich ähnliche Kriterien.

Was macht den Strategen aus?

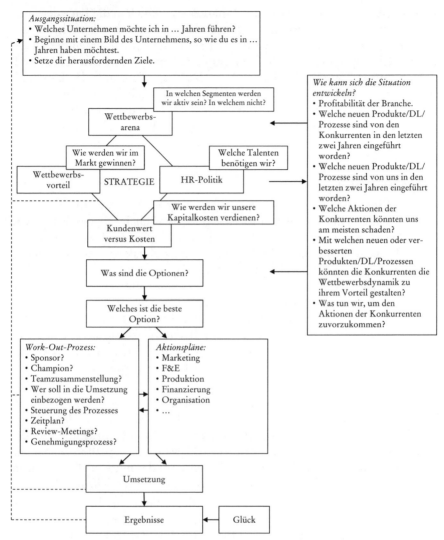

Abb. 6.3 Führen mit strategischer Teilhabe

und dass wir unser eigenes Haus in Ordnung bringen, können wir dazu beitragen, das Leben der Menschen nachhaltig zu verbessern.[7]

Das Unternehmen der Zukunft braucht Führungskräfte, die über den kleinen oder großen Bereich, für den sie verantwortlich sind, hinausdenken und den so komplexen und doch wieder so einfachen Begriff der Strategie verin-

---

[7] Näheres dazu im brillant geschriebenen und designten Buch von T. Clark, A. Osterwalder u. Y. Pigneur, Business Model You: A One-Page Method For Reinventing Your Career, New York 2012.

nerlicht haben; es braucht aber auch Mitarbeiter, die sich in die Lage der übergeordneten Entscheidungsträger versetzen können und ihre Entscheidungen selbständig und initiativ auf der Linie der strategischen Absichten der Unternehmensleitung treffen. Wo die Führungskräfte und Mitarbeiter auf Anordnungen warten, „wird", so Helmuth von Moltke, „die Gunst der Umstände niemals ausgenutzt werden". Seine Forderung nach geistiger Unabhängigkeit und operativer Handlungsfreiheit der Führungskräfte und Mitarbeiter bringt er auf die Formel: „Gehorsam ist Prinzip, aber der Mann steht über dem Prinzip".

6.3 Glück lässt sich planen

Für die Römer war Glück – fortuna – eine Tugend. Man war für ihr Fehlen verantwortlich. Glück zu haben ist eine ganz persönliche Eigenschaft. Wenn Napoleon Generäle auswählte, stellte er immer die Frage: „Hat er Glück gehabt?" Er weiß, dass Glück oder Unglück niemals Zufall sind, sondern die logische und gesetzesmäßig eintretende Folge richtigen oder falschen Verhaltens. Richtiges Verhalten ist das Ergebnis konstruktiven, positiven und eigenverantwortlichen Denkens, Fühlens und Tuns, falsches das Ergebnis destruktiven, negativen und unselbständigen Denkens, Fühlens und Tuns. Napoleon hätte deshalb auch fragen können: „Denkt er konstruktiv, positiv, eigenverantwortlich?" Er fragt nach der Wirkung und nicht nach der Ursache, da sich die Wirkung (Glück oder Erfolg) leichter überprüfen lässt als die Ursache (richtiges Verhalten).

Moltke sieht das ähnlich, wenn er in seinen „Militärischen Schriften" schreibt: „Über den Ruf eines Feldherrn freilich entscheidet vor allem der Erfolg. Wie viel davon sein wirklicher Verdienst ist, ist außerordentlich schwer zu bestimmen. An der unwiderstehlichen Gewalt der Verhältnisse scheitert selbst der beste Mann, und von ihr wird ebenso oft der mittelmäßige getragen. Aber Glück hat auf die Dauer doch zumeist wohl nur der Tüchtige".

In meinem Buch „Die 5 Gebote für exzellente Führung" habe ich nachgewiesen, dass Glück einer der fünf Faktoren ist, die dem Einfluss der Unternehmensleitung unterliegen und die für den Erfolg des Unternehmens wichtiger sind als die wirtschaftlichen Rahmenbedingungen. Der Vergleich von Unternehmen, die mehr oder weniger erfolgreich waren, ist in vieler Hinsicht ein Vergleich zwischen Unternehmen, die mehr oder weniger Glück hatten.

> Erfolg = Talent plus Glück
> Großer Erfolg = Etwas mehr Talent plus sehr viel mehr Glück
> D. Kahneman, 2011, S. 209

Die Frage ist, ob sich Glück anziehen und somit planen lässt. Zahlreiche Gespräche, die ich mit herausragenden Unternehmern und Führungskräften führen konnte, haben mich überzeugt, dass sich Glück bis zu einem bestimmten Grad anziehen und planen lässt. Die Strategie ist, wie eingangs erwähnt, die gemeinsame Logik des Handelns der Führungskräfte in einem turbulenten Umfeld in Richtung auf eine Position, in der das Unternehmen in drei oder fünf Jahren aus bestimmten Gründen sein möchte. Tag für Tag müssen sich die Führungskräfte fragen, ob ihre Entscheidungen kohärent sind mit der Erreichung der angestrebten Ergebnisse, ob sie auch tatsächlich dorthin führen, wo das Unternehmen in drei oder fünf Jahren stehen will. Diese gemeinsame Logik des Handelns oder Methode des Denkens oder geteilte Sicht der Zukunft des Unternehmens erlauben es, Situationspotenziale und Möglichkeiten zu erkennen und zu nutzen, die auf der Linie des Zieles des Unternehmens liegen, und solche auszuschließen und zu übergehen, die nicht auf dieser Linie liegen.[8] Es lässt sich natürlich nicht voraussehen, wann genau diese Situationspotenziale und Möglichkeiten auftreten. Was sich aber mit Sicherheit voraussagen lässt, ist, dass sich über einen längeren Zeitraum solche Situationspotenziale und Möglichkeiten ergeben werden.

Einer der Grundsätze Napoleons lautete: „On s'engage partout, et puis l'on voit": Man engagiert sich überall, sieht dann, was zu tun ist und, so füge ich hinzu, nutzt dann die Gunst der Umstände. Ähnlich Niccolò Machiavelli: „Das Glück schafft Möglichkeiten, aber es ist der Tüchtige, der daraus Nutzen zieht". Ähnlich auch Gerhard von Scharnhorst: „Man muss dem Zufall

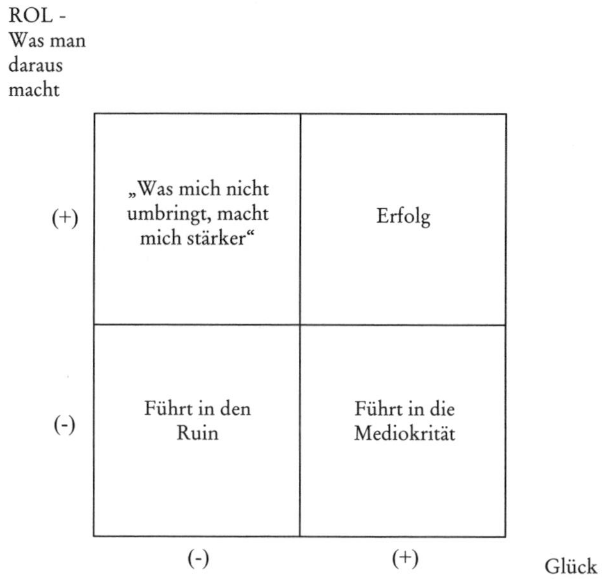

ROL - Was man daraus macht		
(+)	„Was mich nicht umbringt, macht mich stärker"	Erfolg
(-)	Führt in den Ruin	Führt in die Mediokrität
	(-)	(+) Glück

Abb. 6.4 Es kommt darauf an, was man aus seinem Glück macht (Quelle: Collins/Hansen, 2012, S. 164)

---

[8] Siehe dazu auch J.W. Myrna, A rolling stone gathers no moss: prevent your strategic plan from stagnating, a.a.O., S. 142.

seinen Spielraum lassen, weil man ihn nie ganz beherrschen kann, sondern, indem man ihn zu beschränken sucht, sein Gebiet vielmehr erweitert".

Es kommt also darauf an, was man aus dem Situationspotenzial und den günstigen Möglichkeiten macht, ob man sie in dem Augenblick, in dem sie auftreten, nutzt oder nicht. Glück haben ist bereit zu sein, wenn sich Gelegenheiten bieten, und diese zu nutzen. Moltke beherrschte die Kunst, immer vorbereitet zu sein. Collins und Hansen sprechen in diesem Zusammenhang von einem Return on Luck (ROL) (Abbildung 6.4)[9].

Macht man viel aus dem Glück, das man hat, weil man weiß, wohin man will, hat man Erfolg. Macht man wenig aus den glücklichen Umständen, die sich ergeben, führt das in die Mediokrität, weil man sein Ziel nicht kennt. Hat man kein Glück und weiß man auch nicht, wie man aus dieser schwierigen Situation herauskommen kann, führt das mit Sicherheit in den Ruin. Hat man kein Glück, weiß man aber, was zu tun ist, bewährt sich der Ausspruch Nietzsches.

---

[9] Siehe J. Collins u. M.T. Hansen, Great by Choice: Uncertainty, Chaos, and Luck – Why Some Thrive Despite Them All, New York 2011, S. 149ff.

Literatur

Albach, H.: Allgemeine Betriebswirtschaftslehre. 3. Aufl., Wiesbaden 2001

Augier, M. u. J. March: The Roots, Rituals, and Rhetorics of Change: North American Business Schools After the Second World War. Stanford 2011

Avolio, B. J., J. B. Avey u. D. Quisenberry: Estimating return on leadership development investment, in: The Leadership Quarterly 21, 2010, S. 633–644

Babiak, B. u. R.D. Hare: Snakes in Suits: When Psychopaths Go to Work. New York 2006

Bauman, Z.: Wir Lebenskünstler. Berlin 2010

Blanchard, K.: Leading at a Higher Level, Harlow 2007

Bossidy, L. u. R. Charan: Execution: The Discipline of Getting Things Done. New York 2002

Buckingham, M. u. C. Coffman: First, Break All the Rules: What the World's Greatest Managers Do Differently. New York 1999

Bungay, St.: The Art of Action: How Leaders Close the Gaps Between Plans, Actions and Results. London 2011

Carpenter, M. A. u. Wm. G. Sanders: Strategic Management. A Dynamic Perspective, Concepts and Cases. 2. Aufl., Upper Saddle River 2009

Charan, R., St. Drotter u. J. Noel: The Leadership Pipeline. How to Build the Leadership Powered Company. 2. Aufl., San Francisco 2011

Christensen, C. M., J. Allworth u. K. Dillon: How Will You Measure Your Life? New York 2012

Clark, T., A. Osterwalder u. Y. Pigneur: Business Model You: A One-Page Method For Reinventing Your Career. New York 2012

Clawson, J. G.: Level Three Leadership. 5. Aufl., Upper Saddle River 2011

Collins, J. u. M.T. Hansen: Great by Choice: Uncertainty, Chaos, and Luck – Why Some Thrive Despite Them All. New York 2011

Comte-Sponville, A.: Glück ist das Ziel, Philosophie der Weg. Zürich 2010

Dupuy, T. N.: A Genius for War: The German Army and General Staff, 1807-1945. London 1977

Elinder, M. u. O. Erixson: Every Man for Himself! Gender, Norms and Survival in Maritime Disasters, IFN Working Paper no. 913, April 2012

Frey, B. S., D. A. Savage u. B. Torgler: Behavior under Extreme Conditions: The Titanic Disaster, in: Journal of Economic Perspective 25, No. 1, 2011, S. 209–222

Giersberg, G.: 40 Prozent Eigenkapital sind das Ziel, in: Frankfurter Allgemeine Zeitung, Nr. 264, 12. November 2011, S. 14

Gitomer, J.: The Little Book of Leadership. Hoboken 2011

Gladwell, M.: Outliers: The Story of Success. New York 2008

Govindarajan, V. u. Ch. Trimble: Reverse Innovation: Create Far From Home, Win Everywhere. Boston 2012

Govindarajan, V. u. Ch. Trimble: The CEO's Role in Business Model Reinvention, in: Harvard Business Review, January-February 2011, S. 109–114

Görlitz, W.: Der deutsche Generalstab. Frankfurt am Main 1970

Grant, R. M. u. J. Jordan: Foundations of Strategy. Chichester 2012

Haidt, J.: The Righteous Mind. London 2012

Hamel, G.: What Matters Now. How to Win a World of Relentless Change, Ferocious Competition, and Unstoppable Innovation. San Francisco 2012

Hare, R. D.: Without Conscience: The Disturbing World of the Psychopaths Among Us. New York 1999

Hill, A.: All I am saying is give CEOs a chance, in: Financial Times, May 24, 2011, S. 12

Hill, A.: Forced ranking is a relic of an HR tool, in: Financial Times, July 17, 2012, S. 12

Hill, A.: Perils of declaring your next revolution, in: Financial Times, July 31, 2012, S. 10

Hinterhuber, A.: Kundenzufriedenheit und Unternehmenserfolg. Ergebnisse einer empirischen Untersuchung, in: K. Matzler, H. Pechlaner u. B. Renzl (Hrsg.): Werte schaffen. Perspektiven einer stakeholderorientierten Unternehmensführung, Wiesbaden 2003, S. 425–463

Hinterhuber A.: Towards value-based pricing – An integrative framework for decision making, in: Industrial Marketing Management 33, No. 8, 2004, S. 765-788

Hinterhuber, A.: When two companies become one, in: St. Crainer u. D. Dearlove (Hrsg.): Financial Times Handbook on Management, 3. Aufl., Harlow 2004, S. 824–833

Hinterhuber, A.: Customer value-based pricing: Why companies resist, in: Journal of Business Strategy 29, No. 4, 2008, S. 41–50

Hinterhuber, A.: Value delivery and value-based pricing in industrial markets, in: Advances in Business Marketing and Purchasing 14, 2008, S. 381–448

Hinterhuber, A. u. St. Liozu: Is It Time to Rethink Your Pricing Strategy? in: MIT Sloan Management Review 53, No. 4, 2012, S. 69–77

Hinterhuber, A. u. St. Liozu (Hrsg.): Special Issue: Strategic B2B Pricing, Journal of Revenue and Pricing Management 11, January 2012

Hinterhuber, A. u. St. Liozu (Hrsg.): Innovation in Pricing, London 2013

Hinterhuber, H. H.: Strategische Unternehmensführung. Band I, 8. Aufl., Berlin 2011

Hinterhuber, H. H.: Strategische Unternehmungsführung. Band II, 7. Aufl., Berlin 2004

Hinterhuber, H. H.: Die 5 Gebote für exzellente Führung. Frankfurt am Main 2011

Hinterhuber, H. H.: Leadership. 4. Aufl., Frankfurt am Main 2007

Hinterhuber, H. H. u. E. Krauthammer: Leadership – mehr als Management. 4. Aufl., Wiesbaden 2005

Hinterhuber, H. H.: Erfolgsfaktoren für Innovation Excellence, in: S. Ili (Hrsg.): Innovation Excellence: Wie Unternehmen ihre Innovationsfähigkeit systematisch steigern, Düsseldorf 2012, S. 63–84

Hinterhuber, H. H.: Leadership-Consulting, in: Hofmann, D. und R. Steppan (Hrsg.), Haedhunter: Blick hinter die Kulisse einer verschwiegenen Branche, Wiesbaden 2011, S. 208–236

Hinterhuber, H. H. u. K. Matzler (Hrsg.): Kundenorientierte Unternehmensführung. 6. Aufl., Wiesbaden 2009

Hinterhuber, H. H., G. Handlbauer u. K. Matzler: Kundenzufriedenheit durch Kernkompetenzen. 2. Aufl., München 2003

Hinterhuber, H. H. u. W. Popp: Are You a Strategist or Just a Manager, in: Harvard Business Review 70, No. 1, 1992, S. 105–113

Hofmann, D. u. R. Steppan (Hrsg.): Headhunter: Blick hinter die Kulissen einer verschwiegenen Branche. Wiesbaden 2011

Hope, J. u. S. Player: Beyond Performance Management. Boston 2012

Hoyos, C. u. M. Steen: Outgoing Shell Chief Calls for Reform of Salaries, in: Financial Times, June 9, 2009, S. 1

Hughes, D. (Hrsg.): Moltke on the Art of War: Selected Writings. New York 1993

Immelt, J. R.: Growth as a Process. The HBR Interview, in: Harvard Business Review, June 2006, S. 1–11

Johansson, M., N. Halberg, A. Hinterhuber, M. Zbaracki u. St. Liozu: Pricing strategies and pricing capabilities, in: Journal of Revenue and Pricing Management 11, January 2012, S. 4–11

Johnson, L.: Start It Up: Why Running Your Own Business is Easier Than You Think. London 2011

Kahnemann, D.: Thinking, Fast and Slow. New York 2011

Katzenbach, J. R. u. D. K. Smith: The Wisdom of Teams. New York 1994

Kay, J.: Obliquity. Why our goals are best achieved indirectly. London 2011

Kay, J.: Managers must take blame for systemic failures, in: Financial Times, July 13, 2011, S. 11

Kay, J.: ‚Not on my watch': a rule as applicable to banks as it is to the navy, in: Financial Times, July 4, 2012, S. 2

Kellaway, L.: Ball boys can help us retrieve the lost art of training, in: Financial Times, July 2, 2012, S. 12

Kellaway, L.: Life and Arts, in: Financial Times, June 16/June17, 2012, S. 3

Kellaway, L.: Meetings of mind are a tool for dulling them, in: Financial Times, February 27, 2012, S. 12

Kellerman, B.: The End of Leadership. New York 2012

Kessel, E.: Moltke. Stuttgart 1957

Kouzes, J. M. u. B. Z. Posner: The Leadership Challenge. 5. Aufl., San Francisco 2012

Krames, J.: The Jack Welch Lexicon of Leadership. New York 2001

Krauthammer, E. u. H. H. Hinterhuber: Wettbewerbsvorteil Einzigartigkeit. 2. Aufl., Berlin 2005

Krauthammer, E. u. H. H. Hinterhuber: Der Kunde als Botschafter. 2. Aufl., Berlin 2005

Kunstler, B.: Building a Creative Hothouse, in: The Futurist, January-February 2001, S. 22–29

Lee, Ch. T.: Good Idea, Now What? How to Move Ideas to Execution. New York 2012

Liddell Hart, B. H.: Strategie. Das indirekte Vorgehen. Wiesbaden 1953

Liozu, St., A. Hinterhuber, R. Boland u. Sh. Perelli: The conceptualization of value-based pricing in industrial firms, in: Journal of Revenue and Pricing Management 11, January 2012, S. 12–34

Maister, D.: Practice What You Preach. London 2003

Mansfeld, M.: Innovatoren. Individuen im Innovationsprozess. Wiesbaden 2011

Matzler, K. u. H. H. Hinterhuber: How to make product development projects more successful by integrating Kano's model of customer satisfaction into Quality Function Deployment, in: Technovation 18, No. 1, 1998, S. 25–38

Meyer, Ch.: How the Right Measures Help Team Excel, in: Harvard Business Review 72, No. 3, May/June 1994, S. 95-103

Myrna, J. W.: A rolling stone gathers no moss: prevent your strategic plan from stagnating, in: Business Strategy Series 13, No. 3, 2012, S. 136–142

Moltke, H. von: Ausgewählte Werke. Hrsg. von F. von Schmerfeld, 4 Bände, Berlin 1925

Moltke, H. von: Gesammelte Schriften und Denkwürdigkeiten. 8 Bände, Berlin 1891–1893

Moltke, H. von: Militärische Werke. Hrsg. vom Großen Generalstab, Berlin 1911/1912

Moltke, H. von: Gespräche. Hrsg. von E. Kessel, Hamburg 1940

Moltke, H. von: Unter dem Halbmond. Erlebnisse in der alten Türkei 1835–1839. Hrsg. von H. Arndt, Tübingen 1981

Moltke, H. von: Moltkes Briefe an seine Braut und Frau. 2 Bände, Stuttgart-Leipzig–Berlin–Wien 1894

Montgomery, C. A.: The Strategist: Be the Leader Your Business Needs. New York 2012

Nahavandi, A.: The Art and Science of Leadership, 5th ed., Upper Saddle River 2009

Ocasio, W. u. J. Joseph: Rise and Fall – or Transformation? The Evolution of Strategic Planning at the General Electric Company, 1940–2006, in: Long Range Planning 41, 2008, S. 248-272

Parker, J. F.: Do the Right Thing: How Dedicated Employees Create Loyal Customers and Large Profits. Upper Saddle River 2007

Roberto, M. A.: Why Great Leaders Don't Take Yes for an Answer. Managing for Conflict and Consensus. 5. Aufl., Upper Saddle River 2007

Rosenberg, A.: The Atheist's Guide to Reality. New York 2011

Sternberg, R. J. (Hrsg.): Why smart people can be so stupid. Yale 2002

Terry, R.: Work places must learn how to transfer learning, in: Financial Times, December 12, 2011, S. 11

Ulrich, D., St. Kerr u. R. Ashkenas: The GE Work-Out: How to Implement GE's Revolutionary Method for Busting Bureaucracy and Attacking Organizational Problems – Fast! New York 2002

Ulrich, D., J. Zenger u. N. Smallwood: Results-Based Leadership. Cambridge 1999

Vermeulen, F.: Business Exposed. The naked truth about what really goes on in the world of business. Harlow 2010

van Vugt, M. u. A. Ahuja: Naturally Selected: The Evolutionary Science of Leadership. New York 2011

de Waal, A. u. E. Mollema: Six courses of action to survive and thrive in a crisis, in: Business Strategy Series , No. 5, 2010, S. 333–339

Wagner, R. K.: Smart people doing dumb things: The case of managerial incompetence, in: Sternberg, R. J. (Hrsg.): Why smart people can be so stupid, Yale 2002, S. 42–63

Wagner, R. u. J. K. Harter: 12: The Elements of Great Managing. New York 2006

Wallach, J. L.: Kriegstheorien. Frankfurt am Main 1972

Welch, J. u. S. Welch: Winning. New York 2005

Welch, J. u. J. A. Byrne: Jack. Straight from the Gut. New York 2001

Witte, E.: Organisation für Innovationsentscheidungen – Das Promotoren-Modell. Göttingen 1973

Woodruff, P.: The Ajax Dilemma: Justice, Fairness, and Rewards. Oxford 2011

Young, J. W.: A technique for producing ideas. London 2011

Sachregister

A
Absicht, strategische 8, 31, 79, 83, 157, 158
Aktionspläne 86 ff., 125 ff.
Allokation der Ressourcen 88, 111
Ambiguität 33 ff.
Anordnung 5, 93
Anreize 18, 149
Antriebssystem 160
Arbeitsgruppe 27, 28
Architektur, strategische 19, 134 ff.
Auftragstaktik 156
Aus- und Weiterbildung 58 ff.
Auswahl und Entwicklung der Führungskräfte 19, 55
Authentizität 19, 20, 51, 58, 59

B
Basisanforderungen 142
Beförderungswürdigkeit 49, 50, 66
Begeisterungsanforderungen 143
Beispiel geben 69 ff.
Belohnung 42 ff., 146
Beziehungsqualität 145
Bürokratie 126 ff., 139
Business Unit 58 ff.

C
Champion 127 ff.
Charakter 19, 24, 69
Cash-flow 20, 144
Cash-flow-Profil 47
Command and control 5, 80, 140
Corporate Behavior 19
Corporate Communication 19
Corporate Design 19
Corporate Identity 19

D
Defensivstrategie 22
Determinanten des unternehmerischen Erfolg 15, 16
Delegativer Führungsstil 31, 70
Denken, ganzheitliches 51, 147
Direkter Führungsansatz 78, 79, 95 ff.
Direktiven 13, 79, 123, 156
Disziplin 80
Durchhaltevermögen 45, 54, 71

E
Ebenen der Führung 19 ff.
Ebenen der Strategie 19, 20
Eigeninitiative 69, 82, 88 ff.
Eigenkapital 26, 27
Emergent Economy 105
Emotionale Stabilität 51
Emotionen 152
Empowerment 45
Engagement 19, 140 ff.
Entscheidungsmatrix 34
Entscheidungsprozesse 90 ff., 130, 133
Erfahrungskurve 106, 107
Erfolg 16 ff., 72, 151 ff.
Erfolgscontrolling 19, 24, 31, 58
Ergebnis 5, 13, 90 ff.
Ergebnislücke 7, 139 ff.
Ergebnisorientierung 90 ff.
Ermessensspielraum 146
Ethik-Kodex 73
Ethische Reflexion 19 ff., 45, 148
Ethos 55
Extremsituation 17

F
Fachpromotor 127
Fehlertoleranz 32
Finanzieller Spielraum 112 ff.
Forschung und Entwicklung 121, 122
Führen mit strategischer Teilhabe 8, 9, 56 ff., 78 ff.
Führungsaufgaben 19 ff.
Führungskräfte, psychopatische 35 ff.

Sachregister

Führungskompetenz 19 ff.
Führungsverhalten 46, 149 ff.
Führungswerte 42, 44, 147 ff.

G

GE Leadership Effectiveness Survey 73 ff.
Geschichtenerzähler 91
Gesellschaftliche Verantwortung 108
Glück 15, 162 ff.

H

Handlungsfreiheit 80
Helikopterfähigkeit 45
Herausforderungen 25, 26
Hierarchische Einstellungen und Verhaltensweisen 126 ff.
High Potential 49
High Talent People 49
Hochleistungskultur, kundenfokussierte 9, 139 ff.
Holdingabschlag 23
HR-Politik 47, 57
Humor 71
Hybride Organisation 110

I

Indirekter Führungsansatz 95 ff.
Informationsfluss 130, 132
Initiative 69 ff.
Innovation 19, 22, 120, 132
Innovation Excellence 108 ff.
Innovationsmanagement 108
Innovationsprozess 109
Intellektuelle Kompetenz 45
Internet 23

K

Kaderorganigramm 52, 53
Kano-Modell der Kundenzufriedenheit 142 ff.
Kapitalkosten 51, 118
Kapitalkostensatz (WACC) 118
Kernauftrag 19, 20, 28, 71, 73
Kernbotschaft 9
Koalition 85

Kollektive Intelligenz 29
Kommunikation 19, 22, 74, 131
Kommunikationsfluss 133
Kompetenz 19, 24, 45, 55, 62 ff.
Kompetenzkreis 64
Konflikte 93
Kontext 93
Kontrolle 93
Kreativität 118
Kriegslehre 155
Kritischer Preis 103 ff.
Kunden 19 ff., 100, 118, 139 ff.
Kundenbeziehungen 140 ff.
Kundenfokussierte Hochleistungskultur 139 ff.
Kundenloyalität 143
Kundenorientierung 130, 133, 147
Kundenwert 47, 98 ff.
Kundenzufriedenheit 73
Kunst des Handelns 22

L

Leadership 131, 133
Leadership-Assessment 62 ff.
Leadership-Ausbildung 56 ff., 69 ff.
Leadership-Ausbildung als Investition 60, 61
Leadership-Company 14, 15
Leadership-Consulting 57
Leadership Development Needs 64, 65
Leadership Excellence 48 ff.
Leadership-Fähigkeit 29, 48 ff.
Leadership-Haus 19 ff.
Leadershiplücke 7, 41 ff.
Leadership Matrix 43 ff., 72
Lebensdauer 103, 104
Lebensqualität der Kunden 20
Leistungsanforderungen 149
Leistungspotenzial 52
Leistungsträger 37, 49
Leiter eines Teams 27 ff.
Lernende Führungskraft 69 ff.
Lernender Unternehmer 63, 69 ff.
Lernprozess 59 ff.
Lerntransfer 57, 63 ff.

Sachregister

Logik des gemeinsamen Handeln 47 ff., 72
Lösungsorientiertes Vorgehen 92 ff.
Loyalität 146
Lücken 6, 7 ff., 41, 77, 125, 139, 157, 158

M
Machtpromotor 127
Makroebene 13, 88
Manöver 159, 160
Männer der Negative 25
Markenpolitik 105
Mentor 23, 66
Meritokratie 31
Mikroebene 13, 38
Militärstrategie 79
Mitarbeiterentwicklung 135 ff.
Mut 45, 63, 65

N
Net Promotor Score 144
Neuorientierung 77 ff.
Nicht-delegierbare Führungsaufgaben 13 ff.
Not on my watch 33
Nutzenerwägungen 33 ff., 160

O
Obliquity 95 ff.
Offensivstrategien 22
Opportunistisches Verhalten 18, 67
Optimismus 71
Organisation 160
Organisationale Bürokratie 131 ff.
Organisationsentwicklung 52, 135 ff.
Organisationserfolg 67

P
Passion 54
Patente 112
Patriarchalisches Verhalten 25, 26
Payoff-Matrix 129
Persönlichkeitsbild 35 ff., 53
Planungslücke 7, 77 ff.
Portfolio-Analyse 21

Potential 46
Preisgestaltung auf der Grundlage von Erfahrungskurven 106, 107
Preis, kritischer 103 ff.
Preis/Kundenwert-Matrix 102
Pricing Capability-Matrix 102
Pricing Power Zone 100, 101
Prioritäten 147, 148, 153
Procedures 139
Produktivität 118, 151
Promotability 49, 66
Prozesse 59, 68
Prozessmanagement 26
Prozessorientiertes Vorgehen 97 ff.
Psychopatisches Verhalten 35 ff.

Q
Qualität 102 ff., 140 ff.
Qualität der Organisation 112 ff.
Qualität des Arbeitsplatzes 150 ff.

R
Rahmenbedingungen, innovationsfördernde 19, 22, 63
Ranking 50
Realitätssinn 51
Redewettbewerb 42
Resilienz 54, 71
Return on Luck 163
Risk Assessment 65, 121
Risiko 52, 70
Rückkoppelungsschleife 90

S
Schlüsselfähigkeiten, siehe Kompetenzen
Schnelligkeit 75
Selbständigkeit 69, 83 ff.
Selbstvertrauen 69
Shared Work 28
Shared Leadership 27
Six Sigma 81
Soziale Kompetenz 45
Soziales Kapital 145 ff.
Sponsor 127 ff.
Stakeholder, strategische 24

173

Strategé 159 ff.
Strategic Issues 21
Strategie 19 ff., 21, 22, 47 ff., 72, 80, 88, 110, 155 ff.
Strategische Führung 6, 15
Strategische Geschäftseinheit 19, siehe Business Unit
Strategische Teilhabe 7, 9, 45, 53, 78 ff., 81, 83 ff., 93, 98, 122, 144, 157
Strategisches Pricing 98 ff.
Strukturgleichungsmodell 140
Synergie 28
System von Aushilfen 22
Szenario 21

T
Taktische Maßnahmen 15
Talent 162
Team 19, 21, 28 ff., 75
Teamfähigkeit 45
Teamkultur 13, 27 ff., 32
Top-down-Ansatz 5, 78, 87, 94, 122, 140
Top Management Team 87
Turnaround 17

U
Umgang mit psychpatischen Führungskräften und Mitarbeitern 35 ff.
Umsetzung 33
Umsetzungslücke 7, 125 ff.
Umweg zum Ziel 94 ff.
Unternehmen als Meritokratie 129
Unternehmenskultur 131, 134
Unternehmenswert 7, 19 ff.
Unternehmer 5, 142
Unternehmerischer Erfolg 13 ff.

Unternehmerisches Verhalten 44, 46, 130, 132, 139

V
Veränderung 19, 20
Veränderungsprozesse 67
Verantwortung 32, 33, 46
Verhaltensänderung 68, 69
Verhaltensnormen 147
Vision 19, 20
Visionär 19
Vorbild 19
Vorstandsmitglieder, Typ A und Typ B 17, 18

W
Wachstumsstrategien 22
Werte 22, 44, 147 ff.
Wertsteigerung, nachhaltige 23, 118, 120, 139
Wettbewerbsarena 47
Wettbewerbsvorteil 27, 47, 48, 65
WCF - Women Children First 17
Wirkungsperiode 16 ff.
Work-Out 126 ff.
Work-Out-Prozesse 128 ff.

Z
Zeitdruck 30, 31
Ziel der Leadership-Ausbildung 69 ff.
Ziele des Unternehmens 44, 62, 94 ff.
Ziele, organisationale 67
Ziele, persönliche 67
Zinssatz, interner 103, 104
Zufriedenheit am Arbeitsplatz 149 ff.
Zusammensetzung der Teams 28 ff.
Zwischenmenschliches Verhalten 51